课本里的作家

课本里的作家

炉中煤·太阳礼赞

郭沫若／著

山东教育出版社
·济南·

图书在版编目（CIP）数据

炉中煤·太阳礼赞 / 郭沫若著 .— 济南 : 山东教育出版社 , 2023.7

（爱阅读·课本里的作家）

ISBN 978-7-5701-2502-9

Ⅰ. ①炉… Ⅱ. ①郭… Ⅲ. ①阅读课—初中—教学参考资料 Ⅳ. ①G634.333

中国国家版本馆 CIP 数据核字（2023）第 047278 号

LU ZHONG MEI · TAIYANG LIZAN

炉中煤·太阳礼赞

郭沫若 著

主管单位：山东出版传媒股份有限公司

出版发行：山东教育出版社

地址：济南市市中区二环南路 2066 号 4 区 1 号 邮编：250003

电话：（0531）82092600 网址：www.sjs.com.cn

印 刷：天津泰宇印务有限公司

版 次：2023 年 7 月第 1 版

印 次：2023 年 7 月第 1 次印刷

开 本：700 mm × 1000 mm 1/16

印 张：14

字 数：168 千

定 价：39.80 元

（如印装质量有问题，请与印刷厂联系调换）

印厂电话：022-29649190

天上的街市
你看，那浅浅的天河，
定然是不甚宽广。
那隔着河的牛郎织女，
定能够骑着牛儿来往。

凤凰涅槃

除夕将近的空中，
飞来飞去的一对凤凰，
唱着哀哀的歌声飞去，
衔着枝枝的香木飞来，
飞来在丹穴山上。
山右有枯槁了的梧桐，
山左有消歇了的醴泉，
山前有浩茫茫的大海，
山后有阴莽莽的平原，
山上是寒风凛冽的冰天。

心灯

放学回来我睡在这海岸边的草场上，海碧天青，浮云灿烂，衰草金黄。

是潮里的声音？是草里的声音？

一声声道：快向光明处伸长！

有几个小巧的纸鸢正在空中飞放，

纸鸢们也好像欢喜太阳：一个个恐后争先，争先恐后，

不断地努力、飞扬、向上。

梅花树下醉歌

梅花！梅花！
我赞美你！我赞美你！
你从你自我当中
吐露出清淡的天香，
开放出窈窕的好花。
花呀！爱呀！

晴朝

鸡声、群鸟声、鹦鹉声
溶流着的水晶一样！
粉蝶儿飞去飞来，
泥燕儿飞来飞往。
落叶蹁跹，
飞下池中水。
绿叶蹁跹，
翻弄空中银辉。

黄浦江口

我倚着船栏远望，
平坦的大地如像海洋，
除了一些青翠的柳波，
全没有山崖阻障。
小舟在波上簸扬，
人们如在梦中一样。
平和之乡哟！
我的父母之邦！

总序

北京书香文雅图书文化有限公司的李继勇先生与我联系，说他们策划了一套《爱阅读·课本里的作家》丛书，读者对象主要是中小学生，可以作为学生的课外阅读用书，希望我写篇序。作为一名语文教育工作者，在中共中央办公厅、国务院办公厅印发《关于进一步减轻义务教育阶段学生作业负担和校外培训负担的意见》（以下简称“双减”）的大背景下，为学生推荐这套优秀课外读物责无旁贷，也更有意义。

一、“双减”以后怎么办?

“双减”政策对义务教育阶段学生的作业和校外培训作出严格规定。我认为这是一件好事。曾几何时，我们的中小学生作业负担重，不少学生不是在各种各样的培训班里，就是在去培训班的路上。学生“学”无宁日，备尝艰辛；家长们焦虑不安，苦不堪言。校外培训机构为了增强吸引力，到处挖掘优秀教师资源，有些老师受利益驱使，不能安心从教。他们的行为破坏了教育生态，违背了教育规律，严重影响了我国教育改革发展。教育是什么?教育是唤醒，是点燃，是激发。而校外培训的噱头仅仅是提高考试成绩，让学生在中高考中占得先机。他们的广告词是“提高一分，干掉千人”，大肆渲染“分数为王”，在这种压力之下，学生面对的是“分萧萧兮题海寒”，不得不深陷题海，机械刷题。假如只有一部分学生上培训班，提高的可能是分数。但是，如果大多数学生或者所有学生都去上培训班，那提高的就不是分数，而只是分数线。教育的根本任务是立德树人，是培根铸魂，是启智增慧，是让学生的德智体美劳全面发展，是培养社会主义建设者和接班人，是为中华民族伟大复兴提供人才，而不是培养只会考试的“机器”，更不能被资本所“绑架”。所以中央才“出重拳”“放实招”，目的就是要减轻学生过重的课业负担，减轻家长过重的经济和精神负担。

“双减”政策出台后，学生们一片欢呼，再也不用在各种培训班之间来回奔波了，但家长产生了新的焦虑：孩子学习成绩怎么办？而对学校老师来说，这是一个新挑战、新任务，当然也是新机遇。学生在校时间增加，要求老师提升教学水平，科学合理布置作业，同时开展课外延伸服务，事实上是老师陪伴学生的时间增加了。这部分在校时间怎么安排？如何让学生利用好课外时间？这一切考验着老师们的智慧。而开展各种课外活动正好可以解决这个难题。比如：热爱人文的，可以开展阅读写作、演讲辩论，学习传统文化和民风民俗等社团活动；喜爱数理的，可以组织科普科幻、实验研究、统计测量、天文观测等兴趣小组；也可以开展体育比赛、艺术体验（音乐、美术、书法、戏剧……）和劳动教育等实践活动。当然，所有的活动都应以培养学生的兴趣爱好为目的，以自愿参加为前提。学校开展课后服务，可以多方面拓展资源，比如博物馆、图书馆、科技馆、陈列馆、少年宫、青少年活动中心，甚至校外培训机构的优质服务资源，还可组织征文比赛、志愿服务、社会调查等，助力学生全面发展。

二、课外阅读新机遇

近年来，新课标、新教材、新高考成为语文教育改革的热词。我曾经看到一个视频，说语文在中高考中的地位提高了，难度也加大了。这种说法有一定道理，但并不准确。说它有一定道理，是因为语文能力主要指一个人的阅读和写作能力，而阅读和写作能力又是一个人综合素养的体现。语文能力强，有助于学习别的学科。比如数学、物理中的应用题，如果阅读能力上不去，读不懂题干，便不能准确把握解题要领，也就没法准确答题；英语中的英译汉、汉译英题更是考查学生的语言表达能力；历史题和政治题往往是给一段材料，让学生去分析、判断，得出结论，并表述自己的观点或看法。从这点来说，语文在中高考中的地位提高有一定道理。说它不准确，有两个方面的理由：一是语文学科本来就重要，不是现在才变得重要，之所以产生这种错觉，是因为在应试教育的背景下，语文的重要性被弱化了；二是语文考试的难度并没有增加，增加的只是阅读思维的宽度和广度，考查的是阅读理解、信息筛选、应用写作、语言表达、批判性思维、辩证思维等关键能力。可以说，真正的素质教育必须重视语文，因为语文是工具，是基础。不少家长和教师认为课外阅读浪费学习时间，这主要是教育观念问题。他们之所以有这种想法，无非是认为考试才是最终目的，希望孩子可以把更多时间用在刷题上。他们只看到课标和教材的变化，以为考试还是过去那一套，其实，考试评价已发生深刻变革。目前，考试评价改革与新课标、新教材改革是同向同行的，都是围绕立德树人做文章。中共中央、国务院印发的《深化新时代教育评价改革总体方案》明确指出："稳步推进中高考改革，构建引导学生德智体美劳全面发展的考试内容体系，改变相对固化的试题形式，增强试题开放性，减少死记硬背和'机械刷题'现象。"显然就是要用中高考"指挥棒"引领素质教育。新高考招生录取强调"两依据，一参考"，即以高考成绩和高中学业水平考试成绩为依据，以综合素质评价为参考。这也就是说，高考成绩不再是高校选拔新生的唯一标准，不只看谁考的分数高，而是看谁更有发展潜力、更有创造性，综合素质更高，从而实现由"招分"向"招人"的转变。而这绝不是仅凭一张高考试卷能够区分出来的，"机械刷题"无助于全面发展，必须在课内学习的基础上，辅之以内容广泛的课外阅读，才能全面提高综合素养。

三、"爱阅读"助力成长

这套《爱阅读·课本里的作家》丛书是为中小学生读者量身打造的，符合《义务教育语文课程标准》倡导的"好读书、读好书、读整本的书"的课改理念，可以作为学生课内学习的有益补充。我一向认为，要学好语文，一要读好三本书，二要写好两篇文，三要养成四个好习惯。三本书指"有字之书""无字之书""心灵之书"，两篇文指"规矩文"和"放胆文"，四个好习惯指享受阅读的习惯、善于思考的习惯、乐于表达的习惯和自主学习的习惯。古人说"读万卷书，行万里路"，实际上就是要处理好读书与实践的关系。对于中小学生来说，读书首先是读好"有字之书"。"有字之书"，有课本，有课外自读课本，还有"爱阅读"这样的课外读物。读书时我们不能眉毛胡子一把抓，要区分不同的书，采取不同的读法。一般说来，读法有精读，有略读。精读需要字斟句酌，需要咬文嚼字，但费时费力。当然也不是所有的书都需要精读，可以根据自己的需要决定精读还是略读。新课标提倡中小学生进行整本书阅读，但是学生往往不能耐着性子读完一整本书。新课标提倡的整本书阅读，主要是针对过去的单篇教学来说的，并不是说每本书都要从头读到尾。教材设计的练习项目也是有弹性的、可选择的，不可能有统一的"阅读计划"。我的建议是，整本书阅读应把精读、略读与浏览结合起来，精读重在示范，略读重在博览，浏览略观大意即可，三者相辅相成，不宜偏于一隅。不仅如此，学生还可以把阅读与写作、读书与实践、课内与课外结合起来。整本书阅读重在掌握阅读方法，拓展阅读视野，培养读书兴趣，养成阅读习惯。

再说写好两篇文。学生读得多了，素养提高了，自然有话想说，有自己的观点和看法要发表。发表的形式可以是口头的，也可以是书面的，书面表达就是写作。写好两篇文，一篇规矩文，一篇放胆文。规矩文重打基础，放胆文更见才气。规矩文要求练好写作基本功，包括审题、立意、选材、构思等，同时还要掌握记叙文、议论文、说明文、应用文的基本要领和写作规范。规矩文的写作要在教师的指导下进行。放胆文则鼓励学生放飞自我、大胆想象，各呈创意、各展所长，尤其是展现自己的写作能力、语言表达能力、批判性思维能力和辩证思维能力。放胆文的写作可以多种多样，除了大作文，也可以写小作文。有兴趣的学生还可以进行文学创作，写诗歌、小说、散文、剧本等。

学习语文还要养成四个好习惯。第一，享受阅读的习惯。爱阅读非常重要，每个同学都应该有自己的个性化书单。有的同学喜欢网络小说也没有关系，但需要防止沉迷其中，钻进“死胡同”。这套《爱阅读·课本里的作家》丛书，给中小学生课外阅读提供了大量古今中外的名家名作。第二，善于思考的习惯。在这个大众创业、万众创新的时代，创新人才的标准，已不再是把已有的知识烂熟于心，而是能够独立思考，敢于质疑，能够自己去发现问题、提出问题和解决问题，需要具有探究质疑能力、独立思考能力、批判性思维和辩证思维能力。第三，乐于表达的习惯。表达的乐趣在于说或写的过程，这个过程比说得好、写得完美更重要。写作形式可以不拘一格，比如作文、日记、笔记、随笔、漫画等。第四，自主学习的习惯。我的地盘我做主，我的语文我做主。不是为老师学，也不是为父母长辈学，而是为自己的精神成长学，为自己的未来学。

愿广大中小学生能借助这套《爱阅读·课本里的作家》丛书，真正爱上阅读，插上想象的翅膀，飞向未来的广阔天地！

顾之川

目录

我爱读课文

天上的街市 / 2

读前导航 / 2

精彩赏读 / 4

积累与表达 / 6

知识乐园 / 9

作家经典作品

湘　累 / 12

棠棣之花 / 22

凤凰涅槃 / 30

天　狗 / 42

心　灯 / 44

炉中煤

——眷念祖国的情绪 / 46

无烟煤 / 48

日　出 / 50

晨　安 / 52

笔立山头展望 / 55

电火光中 / 57

地球，我的母亲！ / 60
登　临 / 65
光　海 / 69
梅花树下醉歌
——游日本太宰府 / 73
演奏会上 / 75
夜步十里松原 / 76
我是个偶像崇拜者 / 77
太阳礼赞 / 78
沙上的脚印 / 80
新阳关三叠 / 82
金字塔 / 84
巨炮之教训 / 86
匪徒颂 / 91
胜利的死 / 95
辍了课的第一点钟里 / 101
夜 / 104
死 / 105
Venus / 106
别　离 / 107
春　愁 / 110
司健康的女神 / 111
新月与白云 / 112
火葬场 / 113
鹭　鸶 / 114
鸣　蝉 / 115

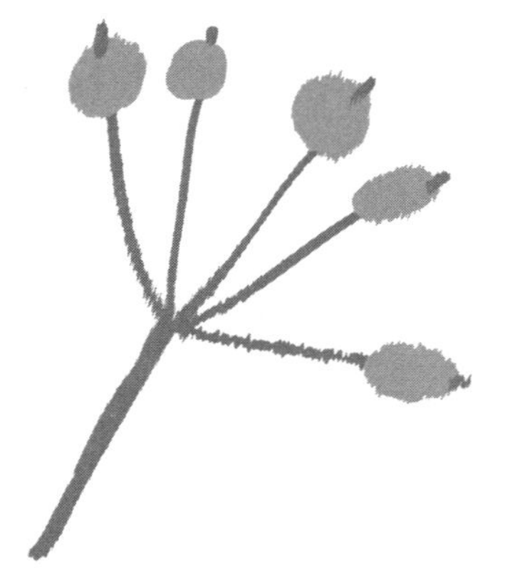

晚　步 / 116
春　蚕 / 117
蜜桑索罗普之夜歌 / 118
霁　月 / 120
晴　朝 / 121
岸　上 / 122
晨　兴 / 125
春之胎动 / 126
日暮的婚筵 / 128
新　生 / 129
海舟中望日出 / 131
黄浦江口 / 133
上海印象 / 134
西湖纪游 / 135
献　诗 / 142
星　空 / 143
洪水时代 / 149
月下的司芬克司
——赠陶晶孙 / 154
苦味之杯 / 155
静　夜 / 156
偶　成 / 157
南　风 / 158
白　云 / 159
新　月 / 160
雨　后 / 161

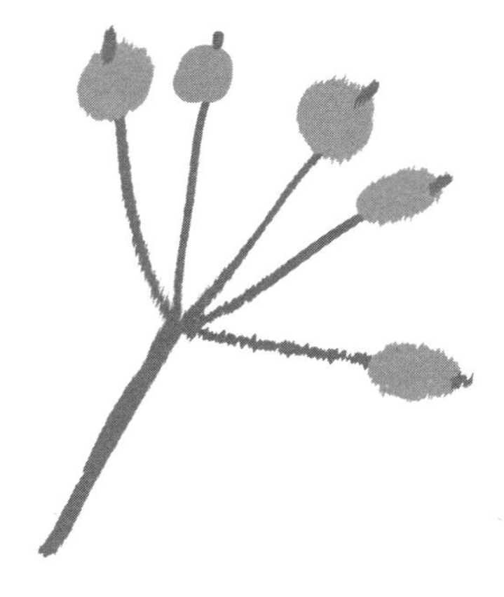

黄海中的哀歌 / 162
仰　望 / 164
江湾即景 / 165
吴淞堤上 / 166
赠　友 / 167
夜　别 / 169
海　上 / 170
灯　台 / 171
拘留在检疫所中 / 172
归　来 / 173
赠陈毅同志 / 174
赠钱学森 / 175
赠北京中国画院 / 176
和老舍原韵并赠三首 / 177
双十一 / 179
雪　朝 / 181
路畔的蔷薇 / 183
夕　暮 / 184
墓 / 185
白　发 / 186
梦与现实 / 187
人作诗与诗作人 / 190
谒　陵 / 192
铁　盔 / 196
青年哟，人类的春天！ / 198
《女神》序诗 / 204
女神之再生 / 205

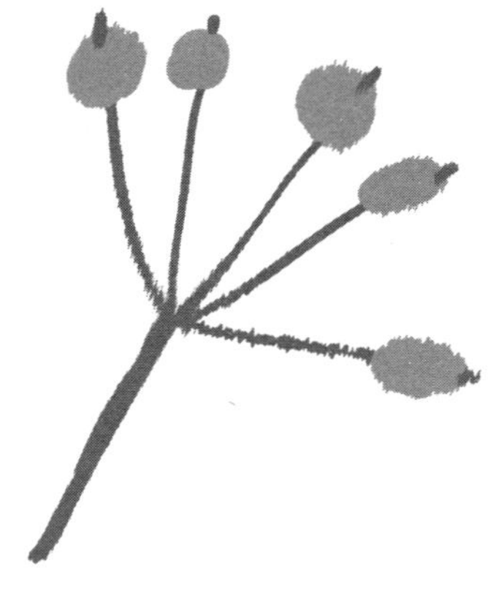

我爱读课文

原文赏读

天上的街市

体　　裁：诗歌
作。　者：郭沫若
创作时间：1921 年
作品出处：部编版语文七年级（上册）
内容简介：描写了天上街市的美丽、富足，牛郎织女生活的幸福、美满，表现了诗人对黑暗现实的不满，对美好和自由的向往，以及对理想社会的企盼之情。

读前导航

阅读准备

郭沫若是一个忠诚的爱国者，爱国是贯穿他一生的主旋律，也是促使他文学创作的内在动力。郭沫若视夸张、幻想、虚构、想象为文学的生命，认为散文、诗歌、小说、剧本等所有品类都离不开艺术想象，只有展开大胆的想象，才能使其绽放独有的魅力。郭沫若的散文既有豪放派的气势浩荡，又有婉约派的清丽缠绵，虽然在取材和写法上各有特色，但其总的依然是作者那种一以贯之的浪漫主义风格，与其新诗创作相通，无拘无束、自由活泼。

目标我知道

情感培养	体会诗人的情思，培养积极向上的生活情趣 把握诗歌朗诵的要领与技巧，并体会诗歌的音韵美
知识与能力	识记有关郭沫若的文学常识 体会联想和想象的作用，培养自己丰富的想象力
学习重点	能够理解并运用联想和想象的表现手法
学习难点	能够理解并学会运用联想和想象的表现手法 总结诗歌的内容、特色、情感表达，并学以致用

背景我来探

《天上的街市》创作于1921年10月，此时五四运动高潮已过，中国正处于军阀混战时期。面对那“冷酷如铁，黑暗如漆，腥秽如血”半殖民地半封建社会的黑暗现实，郭沫若感到失望和痛苦，陷入了苦闷和感伤之中。他痛恨黑暗的现实，向往光明的未来。在灿烂星空的诱发下，写下了这首充满浪漫主义色彩的著名诗篇《天上的街市》。

精彩赏读

天上的街市

远远的街灯明了，
好像闪着无数的明星。
天上的明星现了，
好像点着无数的街灯。[1]

（段解：作者通过联想和互喻，将天与地连成一体，地上有星一样的灯，天上有灯一样的星。“街灯”与“明星”的共同特点是“无数”和“明亮”，无数明亮的灯与星相映成趣，创造了一个充满幻想和诗情画意的美妙意境。）

我想那缥缈的空中，
定然有美丽的街市。[2]
街市上陈列的一些物品，
定然是世上没有的珍奇。

（段解：描绘了诗人想象中“天上的街市”的繁华和美丽。用天上的美好来反衬人间的黑暗，表达了诗人对现实世界的不满和对美好生活的向往。）

你看，那浅浅的天河，
定然是不甚宽广。

[1] 四个动词“明”“闪”“现”“点”的运用十分巧妙，将天上的星和人间的灯描写得生动、形象，体现了天上人间浑然一体的意境美。

【缥缈（piāo miǎo）】形容隐隐约约，若有若无。

[2] 此句运用想象的手法，用一个“想”字把人们带到了神奇、美丽的街市。

那隔着河的牛郎织女，
定能够骑着牛儿来往。

（段解：诗人改编了牛郎织女的故事，通过自己的联想，描写了他们生活幸福、圆满的场景，体现了诗人对自由、美好的向往之情。）

我想他们此刻，
定然[1]在天街闲游。
不信，请看那朵流星，
是他们提着灯笼[2]在走。

（段解：诗人想象着牛郎织女提着灯笼在街上闲游，用以象征他们生活得很幸福、很美好，反衬了当时社会的不安稳和人民的痛苦，表现了诗人对理想生活的执着追求。）

[1] 诗中用了四个“定然”和一个“定”字，其肯定的语气会使读者追随着诗人的想象，模糊着现实世界与幻想世界的界限。

[2] 运用联想和比喻，将“流星”比作“灯笼”，联想到牛郎织女提着灯笼在街上游逛。

作品赏析

《天上的街市》这首诗运用了联想和想象的手法，描绘了神妙的天街景象，体现了诗人对现实世界的不满和愤怒，抒发了诗人对自由和幸福生活的追求、向往之情。本诗风格恬淡，用自然清新的语言、整齐的短句、和谐优美的韵律，表达了诗人改造现实的愿望，也反映了广大劳动人民对美好生活的渴望。

积累与表达

日积月累

关于牛郎织女和银河的诗句

迢迢牵牛星，皎皎河汉女。

——[东汉]《古诗十九首·迢迢牵牛星》

星汉灿烂，若出其里。

——[三国]曹操《观沧海》

如今直上银河去，同到牵牛织女家。

——[唐]刘禹锡《浪淘沙》

天阶夜色凉如水，卧看牵牛织女星。

——[唐]杜牧《秋夕》

飞流直下三千尺，疑是银河落九天。

——[唐]李白《望庐山瀑布》

云母屏风烛影深，长河渐落晓星沉。

——[唐]李商隐《嫦娥》

读后感想

天上人间画

——读《天上的街市》有感

一缕轻柔的月光透过窗子，洒在了窗台上。窗台上银色的倒影随着风儿在眼前飘来飘去，我从《天上的街市》中抬起头来，目光缥缈着伸向了遥远的天际。

这是一个多么热闹非凡的街市啊！浅浅幽远的银河、琳琅满目的珍奇、熙熙攘攘的人群、此起彼伏的吆喝……我跟着人群漫步，看到可爱的孩子举着风车嬉戏；看到白胡子的老人兴致勃勃地挥洒笔墨；看到一对年轻的夫妻挽着手，持着灯笼闲适地游逛。咦，他们怎么如此熟悉，莫不是传说中的牛郎织女？我起身上前询问，听他们将自己的故事娓娓道来——其实，故事内容并不重要了，因为他们过上了幸福、自由的生活，便足以令人羡慕和欣喜了。在这繁华、美丽的街市中，我摇身一变，回到了孩童的模样，握着一个拨浪鼓，唱着欢快的歌儿，蹦蹦跳跳地在人海中钻来钻去，畅快极了。然后，我看到了郭沫若先生——戴着圆镜片的眼镜，着一身得体的西装，拿着一把折扇，文质彬彬、眉眼含笑地走在这街市上。此情此景，必是一幅充满诗情画意、美好与自由的画卷。

浓云渐渐遮住月光，视野变得模糊起来，忽地，身体轰然下坠，待清醒，俨然来到了人间。旧式的房屋、污浊的空气、慷慨的呼声……我看见广场上聚集了好多人——工人、农民，更多的是学生。一名头戴鸭舌帽、穿着民国服装的男学生，手中高举着一卷报纸，奋力地发表着演讲："沧海桑田，风雨坎坷，伟大的祖国历尽磨难。而现在，由我们青年学生和工人阶级进行抗争的时刻到了！同胞们，大家都行动起来吧！……少年兴则国兴，少年强则国强。我们要以前所未有的不妥协的斗争精神，给四万万人民以振奋和鼓舞，使中国的历史走进一个崭新的时代！"

人群中响起雷鸣般的咆哮。我看到郭沫若先生轻抹眼眶，退出人群，一拂手离去，形单影只，好不寂寥！我想陪他走一走，然而，学生的呼声渐去，前方的路愈发的崎岖、黑暗，郭沫若先生走走停停，时而满含悲切地环顾四周，时而充满希冀地凝望苍穹。此情此景，却是一幅笔墨浓重，充满挣扎与苦闷的黑白画卷。

我放下《天上的街市》，长叹一声：天上人间画，百味人生追与求！

精彩语句

1. 这是一个多么热闹非凡的街市啊！浅浅幽远的银河、琳琅满目的珍奇、熙熙攘攘的人群、此起彼伏的吆喝……

运用想象的手法，描绘出一副热闹的街市景象。

2. 我放下《天上的街市》，长叹一声：天上人间画，百味人生追与求！

以感叹句结尾，写出了作者的感受以及对人生的理解。

妙笔生花

读过郭沫若的《天上的街市》，你有何感想呢？动动手中的笔，写下来吧！

知识乐园

一、阅读下面的文字，完成练习。

piāo miǎo 的夜空极为深邃，诗人抬头望着不甚宽广的天河。云雾摸糊中，他隐约看见美好的街市，街市上陈列着世间没有的珍奇，他想到了提着灯笼闲 yóu 的牛郎织女。

1. 给加点字注音，根据拼音写字词。

piāo miǎo（　　　）　深邃（　　　）　闲 yóu（　　　）

2. 文段中有两个错别字，请找出来并改正。

______改为______　　______改为______

二、仿照例句，续写句子。

例句：远远的街灯明了，好像闪着无数的明星。

（1）池塘中的莲花开了，________________。

（2）气球飘在空中，________________。

（3）月光照在湖面上，________________。

三、阅读原文，回答问题。

（1）这首诗的作者是______，原名郭开贞，诗人、学者，代表诗集有《______》《星空》等。

（2）这首诗有写实，但更多的是想象。请指出诗中想象的部分。

____

____

（3）诗中牛郎织女的故事跟传说中的大不一样，诗人为什么要这样处理？

____

____

四、写一写。

请你展开联想和想象，运用修辞方法，把“月光”“缥缈”“影子”这 3 个词扩展成一段 50 字左右的文字。

____

____

____

____

作家经典作品

自主阅读

湘 累

女须之婵媛兮，
申申其詈予。
曰，鲧婞直以亡身兮，
终然夭乎羽之野。
汝何博謇而好修兮，
纷独有此姱节？
薋菉葹以盈室兮，
判独离而不服！

——《离骚》

序幕：

洞庭湖。早秋，黄昏时分。

君山[①]前横，上多竹林芦蔹。有银杏数株，参差天际。时有落叶三五，戏舞空中如金色蛱蝶。

妙龄女子二人，裸体，散发，并坐岸边岩石上，互相偎倚。

一吹“参差”（洞箫），一唱歌。

---

①君山：位于洞庭湖中。《水经注·湘水》记载：“(洞庭)湖中有君山……是山，湘君之所游处，故曰君山矣。”

女　子

（歌）

泪珠儿要流尽了，
爱人呀，
还不回来呀？
我们从春望到秋，
从秋望到夏，
望到水枯石烂了！
爱人呀，
回不回来呀？

棹舟之声闻，二女跳入湖中，潜水而逝。

此时帆船一只，自左棹出。船头饰一龙首，帆白如雪。老翁一人，银发椎髻，白须髯，袒上身，在船之此侧往来撑篙，口中漫作欸乃之声。

屈原立船头展望，以荷叶为冠，玄色绢衣，玉带，颈上挂一莲瓣花环，长垂至脐；颜色憔悴，形容枯槁。其姐女须扶持之。鬓发如云，簪以象揥。耳下垂碧玉之瑱。白衣碧裳，俨如朝鲜女人妆束。

屈　原

这儿是什么地方，这么浩渺迷茫地[①]！前面的是什么歌声？可是谁在替我招魂吗？

女　须

嗳！你总是爱说这样疯癫识倒的话，你不知道你姐姐的心中是

① 因时代不同，本书所选诗歌中的某些字词的使用与现在有所不同。本书中的“的”“地”“得”等均保持当时的用词习惯，后同。

怎样痛苦！你的病，嗳！难道便莫有好的希望了吗？

老　翁

三间大夫[①]！这儿便是洞庭湖了。前面的便是君山。我们这儿洞庭湖里，每到晚来，时时有妖精出现，赤条条地一丝不挂，永远唱着同一的歌词，吹着同一的调子。她们倒吹得好，唱得好，她们一吹，四乡的人都要流起眼泪。她们唱倦了，吹倦了，便又跳下湖水里面去深深藏着。出现的时候，总是两个女身。四乡的人都说她们是女英与娥皇[②]，都来拜祷她们：祈祷恋爱成功的也有，祈祷生儿育女的也有；还有些痴情少年，为了她们跳水死的真是不少呢。

屈　原

哦，我知道了。我知道她们在望我，在望我回去。唉，我要回去！我的故乡在那[③]儿呀？我知道你们望得我苦，我快要回来了。哦，我到底是什么人？三间大夫吗？哦，我记起来了。我本是大舜皇帝呀！从前大洪水的时候，他的父亲[④]把水治坏了，累得多死了无数的无辜百姓，所以我才把他逐放了，把他杀了。但是我又举了他的儿子起来，我祈祷他能够掩盖他父亲的前愆。

他倒果然能够，他辛勤了八年，果然把洪水治平了。天下的人都赞奖他的功劳，我也赞奖他的功劳，所以我才把帝位禅让给了他。啊，他却是为了什么？他，他为什么反转又把我逐放了呢？我曾杀

---

① 三间大夫：官名。战国楚置。王逸《离骚经章句》记载："屈原与楚同姓，仕于怀王，为三间大夫。三间之职，掌王族三姓，曰昭、屈、景。"屈原曾任此职，此处以官名代指屈原。

② 女英和娥皇：相传为尧的两个女儿，即舜的二妃。相传舜南巡死于苍梧，二妃追至，投湘水而死，成为湘水之神。

③ 意为"哪"，本书保持原著的用词习惯，后同。

④ 他的父亲：他，代指禹；他的父亲，指鲧。

过一个无辜的百姓吗？我有什么罪过？啊，我流落在这异乡，我真好苦呀！苦呀！……呢呀，我的姐姐！你又在哭些什么？

女　须

你总是爱说你那样疯癫识倒的话，你不知道你姐姐的心中是怎么的痛苦！

屈　原

姐姐，你却怪不得我，你只怪得我们所处的这个混浊的世界！我并不曾疯，他们偏要说我是疯子。他们见了凤凰要说是鸡，见了麒麟要说是驴马，我也把他们莫可奈何。他们见了圣人要说是疯子，我也把他们莫可奈何。他们既不是疯子，我又不是圣人，我也只好疯了，疯了，哈哈哈哈哈，疯了！疯了！

（歌）

惟天地之无穷兮，
哀人生之长勤。
往者余弗及兮，
来者吾不闻。
吾将纠思心以为纕兮，
编愁苦以为膺，
折若木以蔽光兮，
随飘风之所仍！[①]

啊啊！我倦了，我厌了！这漫漫的长昼，从早起来，便把这混浊的世界开示给我，他们随处都叫我是疯子，疯子。他们要把我这

---

①这首歌的前四句取自《楚辞·远游》；歌的后四句，即自“吾将”之后，均取自《楚辞·九章·悲回风》。

美洁的莲佩扯去，要把我这高岌的危冠折毁，要投些粪土来攻击我。从早起来，我的脑袋便成了一个灶头；我的眼耳口鼻就好象一些烟筒的出口，都在冒起烟雾，飞起火星，我的耳孔里还烘烘地只听着火在叫；灶下挂着的一个土瓶——我的心脏——里面的血水沸腾着好象[1]干了的一般，只迸得我的土瓶不住地跳跳跳。哦，太阳往那儿去了？我好容易才盼到，我才望见他出山，我便盼不得他早早落土，盼不得我慈悲的黑夜早来把这浊世遮开，把这外来的光明和外来的口舌通同掩去。哦，来了，来了，慈悲的黑夜渐渐走来了。我看见她，她的头发就好像一天的乌云；她有时还带着一头的珠玉，那却有些多事了；她的衣裳是黑绢做成的，和我的一样；她带着一身不知名的无形的香花，把我的魂魄都香透了。她一来便紧紧地拥抱着我，我便到了一个绝妙的境地，哦，好寥廓的境地呀！

（歌）

下峥嵘而无地兮，
上寥廓而无天。
视倏忽而无见兮，
听惝怳而无闻。
超无为以至清兮，
与泰初而为邻。[2]

哎！这也不过是一个梦罢了！我周围的世界其实何曾改变过来！便到晚来，我睡在床席上又何尝能一刻安寝？我怕，我怕我睡了去又来些梦魔来苦我。他来诱我上天，登到半途，又把梯子给我抽了。他来诱我去结识些美人，可他时常使我失恋。我所以一刻也不敢闭眼，我翻来覆去，又感觉着无限的孤独之苦。我又盼不得早到天明，好破

①好象：同“好像”，本书保持了原著的用词习惯，后同。

②这首歌取自《楚辞·远游》。

破我深心中不可言喻的寥寂。啊，但是，我这深心中海一样的哀愁，到头能有破灭的一天吗？哦，破灭！破灭！我欢迎你！我欢迎你！我如今什么希望也莫有，我立在破灭的门前只待着死神来开门。啊啊！我，我要想到那“无”底世界里去！（作欲跳水势。）

女　须

（急挽勒之）

你究竟何苦呢？你这么任性，这么激烈，对于你的病体真是不好呀！夏禹王的父亲正像你这样性情激烈的人，所以他终竟……

屈　原

不错，不错，他[①]终竟被别人家拐骗了！他把国家弄坏了，自以为去谄媚下子邻国便可以保全他的位置，他终竟被敌国拐骗了去了。这正是他“愚而好自用”的结果。于我有什么相干？他们为什么又把我放逐了呢？他们说我害了楚国，害了他的父亲；皇天在上，后土在下，这样的冤狱，要你们才知道呀！

女　须

你精神太错乱了，你总要自行保重才行。只要留得你健康，什么冤枉都会有表白的一天，你何以定要自苦呢？我知道你的心中本有无量的涌泉，想同江河一样自由流泻。我知道你的心中本有无限的潜热，想同火山一样任意飞腾。但是你看湘水、沅水，遇着更大的势力扬子江，他们也不得不隐忍相让，才汇成这样个汪洋的洞庭。火山也不是时常可以喷火，我们姐弟生长了这么多年，几曾见过山

① 他：代指楚怀王熊槐。

岳们喷火一次呢？我想山岳们底[1]潜热，也怕是受了崖石底压制，但他们能常常地流泻些温泉出来。你权且让他们一时，你自由的意志，不和他们在那膻秽的政界里驰骋，难道便莫有向别方面发展的希望了吗？

屈　原

哦，我知道了！我知道了！我知道你要叫我把这莲佩扯坏，你要叫我把这荷冠折毁，这我可能忍耐吗？你怎见得我便不是扬子江，你怎见得我只是些湘沅小流？我的力量只能汇成个小小的洞庭，我的力量便不能汇成个无边的大海吗？你怎这么小视我？哦，你是要叫我去做个送往迎来的娼妇吗？娼妇——唔，她！她，郑袖[2]！是她一人害了我！但是，我，我知道她的心中却是在恋慕我，她并且很爱诵我的诗歌。唔，那倒怕是个好办法。我如做首诗去赞美她，我想她必定会叫楚王来把我召回去。不错，我想回去呀！但是，啊！但是，那个是我所能忍耐的吗？我不是上天的宠儿？我不是生下地时便特受了一种天惠？我不是生在寅年寅月寅日的人？[3]我这么正直通灵的人，我能忍耐得去学娼家惯技？我的诗，我的诗便是我的生命！我能把我的生命，把我至可宝贵的生命，拿来自行蹂躏，任人蹂躏吗？我效法造化的精神，我自由创造，自由地表现我自己。我创造尊严的山岳、宏伟的海洋，我创造日月星辰，我驰骋风云雷雨，我萃之虽仅限于我一身，放之则可泛滥乎宇宙。我一身难道只是些胭脂、水粉底材料，我只能学做些胭脂、水粉来，把去替女儿们献媚吗？哼！你为什么要小视我？我有血总要流，有火总要喷，

---

① 底：同“的”，本书保持了原著的用词习惯，后同。

② 郑袖：楚怀王夫人，甚得宠信。张仪为秦使楚，因欺骗楚王被囚将杀。郑袖劝动怀王，张仪得救。

③ 屈原在《离骚》中曾说：“摄提贞于孟陬兮，惟庚寅吾以降。”王逸等据此认为屈原生于寅年寅月寅日。

不论在任何方面，我都想驰骋！你为什么要叫我“哫訾栗斯，喔咿儒儿，如脂如韦，突梯滑稽”[①]以偷生全躯呢？连你也不能了解我，啊！我真不幸！我想不到才有这样一位姐子！

女　须

（掩泣）……

屈　原

（倾听）

哦，刚才的歌声又唱起来了呀！

水中歌声：

我们为了他——泪珠儿要流尽了，

我们为了他——寸心儿早破碎了。

层层锁着的九嶷山[②]上的白云哟！

微微波着的洞庭湖中的流水哟！

你们知不知道他？

知不知道他的所在哟？

屈　原

哦，她们在问我的所在！我站在这儿，你们怎么看不见呀？

水中歌声：

九嶷山上的白云有聚有消。

---

①“哫訾……滑稽”：取自《楚辞·卜居》。原文为：“宁超然高举以保真乎？将哫訾栗斯，喔咿嚅唲，以事妇人乎？宁廉洁正直以自清乎？将突梯滑稽，如脂如韦，以洁楹乎？”

②九嶷山：也称苍梧山，位于今湖南省永州市宁远县境内。《史记·五帝本纪》记载：“（舜）践帝位三十九年，南巡狩，崩于苍梧之野，葬于江南九嶷。”嶷，一作疑。

洞庭湖中的流水有汐有潮。
我们心中的愁云呀，啊！
我们眼中的泪涛呀，啊！
永远不能消！
永远只是潮！

屈　原

哦，好悲切的歌词！唱得我也流起泪来了。流吧！流吧！我生命的泉水呀！你一流了出来，好像把我全身底烈火都浇熄了的一样。我感觉着我少年时分，炎天烈日之中，在长江里面游泳着一样的快活。你这不可思议的内在的灵泉，你又把我苏活转来了！哦，我的姐姐！你也在哭吗？你听见了刚才的那样哀婉的歌声吗？

女　须

我也听见的，怕是些渔家娘子在唱晚歌呢！

屈　原

不然，不然，我不相信人们底歌声有那样泪晶一样地莹澈。

屈原自语时，老翁时时驻篙倾听，舟行甚缓。

老　翁

这便是娥皇、女英底哀歌了。这歌儿似乎还长，我在湖中生活了这么一辈子，听了不知道有多少次。我虽是不知道是些什么意思，但是我听了总也不知不觉地要流下泪来。

屈　原

能够流眼泪的人，总是好人。能够使人流眼泪的诗，总是好诗。诗之感人有这么深切，我如今才知道诗歌的真价了。幽婉的歌声呀！你再唱下去吧。我把我的莲佩通同（统）赠你，（投莲瓣花环入湖中）你请再唱下去吧！

水中歌声：

太阳照着洞庭波，
我们魂儿战栗不敢歌。
待到日西斜，
起看篁中昨宵泪，
已经开了花！
啊，爱人呀！
泪花儿怕要开谢了，
你回不回来哟？

老　翁

喔呀！天色看看便阴了下来，我们不能再拖延了！我怕达不到目的地方，天便会黑了！我要努力撑去！我要努力撑去！……

老翁尽力撑篙，从君山右侧，转入山后。花环在水上飘扬。帆影已不可见，远远犹闻欸乃之声。

——幕下

1920 年 12 月 27 日

棠棣[1]之花[2]

人　物：聂政（年二十岁）
　　　　其姐婴（年二十二岁）

布　景：一望田畴半皆荒芜，间有麦秀青青者，远远有带浅山环绕。山脉余势在左近田畴中形成一带高地，上多白杨。白杨树上归鸦噪晚；树下一墓，碑题“聂母之墓”四字，侧向右。右手一条陇道，远远斜走而来，与墓地相通。

聂婴荷桃花一巨枝，聂政旅装佩剑，手提一竹篮，自陇道上登场。

聂　政

（指点）

姐姐，你看这一带田畴荒芜到这么个田地了！

聂　婴

（叹息）

嗳嗳！今年望明年太平，明年望后年丰收，望了将近十年，这

① 棠棣：《诗·小雅》中有《常棣》一诗。《毛传》：“常棣，周公燕兄弟也。”燕，通宴。后因以常棣指兄弟情谊。

② 本篇最初发表于1920年10月10日上海《时事新报·学灯增刊》。

目前的世界成了乌鸦与乱草底世界。

（指点）

你听，那白杨树上的归鸦噪得煞是逆耳，好像在嘲弄我们人类的运命一样呢！

聂　政

人类底肺肝只供一些鸦鹊加餐，人类的膏血只供一些乱草滋荣，——乱草呀，乌鸦呀，你们究竟又能高兴得到几时呢？

聂　嫈

（指点）

你看，那不是母亲的墓碑吗？母亲死去不觉满了三年。死而复生的只有这些乱杂的败草。永逝不返的却是我们相依为命的慈母。我们这几年来久已饥渴着生命的源泉了呀！

聂　政

战争不熄，生命的泉水只好日就消逝。这几年来今日合纵，明日连衡，今日征燕，明日伐楚；争城者杀人盈城，争地者杀人盈野，我不知道他们究竟为的是什么。近来虽有人高唱弭兵[1]，高唱非战，然而唱者自唱，争者自争。不久之间，连唱的人也自行争执起来了。

聂　嫈

自从夏禹传子，天下为家；井田制度，土地私有；已经种下了

---

① 弭兵：息兵，停止战争。春秋后期，晋楚两大国争霸中原，各小国为求自安，力图调和双方结盟友好，停止战争。公元前 546 年，宋国的向戌说服晋楚两国执政大夫以弭兵为名，在宋国会盟，史称“弭兵之会”。

永恒争战底根本。根本坏了，只在枝叶上稍事剪除，怎么能够济事呢？

此时欲圆未圆的月儿自远山升上。姐弟二人已步入墓场。聂政置篮墓前，拔剑斫白杨一枝，在墓之周围打扫。聂嫈分桃枝为二，分插碑之左右。插毕，自篮中取酒食陈布，篮底取出洞箫一枝来。

聂　嫈

喔呀，你把洞箫也带来了吗？

聂　政

唉，我三年不吹了，今晚想在母亲墓前吹弄一回。

聂　嫈

很好，我也很想倾听你的雅奏呢。

陈设毕，在墓前拜跪。聂政也来拜跪。拜跪毕，聂嫈立倚墓旁一株白杨树下。

聂　政

（取箫，坐墓前碧草上）

姐姐，月轮已升，群鸦已静，茫茫天地，何等清寥呀！

聂　嫈

你听，好像有种很幽婉的哀音在这天地之间流漾。你快请吹箫和我，我的歌词要和眼泪一齐迸出了！

（唱。聂政吹箫和之）

别母已三载，
母去永不归。
阿侬姐与弟，
愿随阿母来。

春桃花两枝，
分插母墓旁。
桃枝花谢时，
姐弟知何往？

不愿久偷生，
但愿轰烈死。
愿将一己命，
救彼苍生起！

苍生久涂炭，
十室无一完。
既遭屠戮苦，
又有饥馑患。

饥馑匪自天，
屠戮咎由人。
富者余粮肉，
强者斗私兵。

侬欲均贫富，
侬欲茹强权，
愿为施瘟使，
除彼害群遍！

聂　政

姐姐，你的歌词很带些男性的音调，倘若母亲在时，听了定会发怒呢。

聂　嫈

母亲在时，每每望我们享得人生的真正的幸福。我想此刻天下的姐妹兄弟们一个个都陷在水深火热之中，假使我们能救得他们，便牺牲却一己底微躯，也正是人生的无上幸福。所以你今晚远赴濮阳，我明知前途有多大的牺牲，但我却是十分地欢送你。我想没有牺牲，不见有爱情；没有爱情，不会有幸福的呀！

聂　政

（吹箫）

姐姐，你还请唱下去吧！

聂　嫈

（唱）

明月何皎皎，
白杨声萧萧。
阿侬姐与弟，
离别在今宵。

今宵离别后，
相会不可期。
多看姐两眼，
多听姐歌词。

聂　政

（拭泪）
姐姐，你怎这么悲抑呀？

聂　嫈

（唱而不答）
汪汪泪湖水，
映出四轮月。
俄顷即无疆，
月轮永不灭。

聂　政

（拭泪）
姐姐，夜色已深，你请回去了吧。

聂　嫈

（唱而不答）
姐愿化月魂，
幽光永照弟。

何处是姐家？

将回何处去？

聂　政

（起立）

姐姐，你这么悲抑，使我烈火一样的雄心，好像化为了冰冷。姐姐，我不愿去了呀！

（挥泪。）

聂　嫈

二弟呀，这不是你所说的话呀！我所以不免有些悲抑之处，不是不忍别离，只是自恨身非男子。……二弟，我也不悲抑了，你也别流泪吧！我们的眼泪切莫洒向此时，你明朝途中如遇着些灾民流黎、骷髅骴骨，你请替我多多洒雪些吧！我们贫民没有金钱、粮食去救济同胞，有的只是生命和眼泪。……二弟，我不久留你了，你快努力前去！莫辜负你磊落心怀，莫辜负姐满腔勖望，莫辜负天下苍生，莫辜负严仲子[①]知遇，你努力前去吧！我再唱曲歌来壮你的行色。

（唱）

去吧，二弟呀！

我望你鲜红的血液，

迸发成自由之花，

开遍中华！

① 严仲子：名遂，战国时韩人，痛恶韩相侠累无道。严仲子与聂政交善，聂政受其委托，前去刺侠累。

二弟呀，去吧！

月轮突被一朵乌云遮去，舞台全体暗黑如漆，只闻歌词尾声。

1920年9月23日脱稿

附 白[①]

此剧本是三幕五场之计划，此为第一幕中之第二场，曾经单独地发表过一次，又本有独幕剧之性质，所以我就听它独立了。

---

①此“附白”中所谓“三幕五场之计划”是原有计划，并未完成。最后完成者为五幕剧，此为第一幕，但内容略有不同。请参看同名剧本《棠棣之花》。

凤凰涅槃[①]

天方[②]国古有神鸟名“菲尼克司”（Phoenix），满五百岁后，集香木自焚，复从死灰中更生，鲜美异常，不再死。

按此鸟殆即中国所谓凤凰：雄为凤，雌为凰。《孔演图》[③]云：“凤凰火精，生丹穴。”《广雅》[④]云：“凤凰……雄鸣曰即即，雌鸣曰足足。”

序　曲

除夕将近的空中，
飞来飞去的一对凤凰，
唱着哀哀的歌声飞去，
衔着枝枝的香木飞来，
飞来在丹穴山上。
山右有枯槁了的梧桐，
山左有消歇了的醴泉，

① 本文最早刊登于1920年1月30日和31日上海《时事新报·学灯》。1921年《女神》初版本时的副标题是：“一名‘菲尼克司的科美体’。”科美体，英语喜剧Comedy的音译。

② 天方：我国古代称阿拉伯半岛一带的伊斯兰教发源地为天方或天房。

③《孔演图》：应作《演孔图》，汉代纬书名。原书已佚，后来有辑本。

④《广雅》：三国时魏人张揖著。

山前有浩茫茫的大海，
山后有阴莽莽的平原，
山上是寒风凛冽的冰天。

天色昏黄了，
香木集高了，
凤已飞倦了，
凰已飞倦了，
他们的死期将近了。

凤啄香木，
一星星的火点迸飞。
凰扇火星，
一缕缕的香烟上腾。

凤又啄，
凰又扇，
山上的香烟弥散，
山上的火光弥漫。

夜色已深了，
香木已燃了，
凤已啄倦了，
凰已扇倦了，

他们的死期已近了！

啊啊！
哀哀的凤凰！
凤起舞，低昂！
凰唱歌，悲壮！
凤又舞，
凰又唱，
一群的凡鸟，
自天外飞来观葬。

凤　歌

即即！即即！即即！
即即！即即！即即！
茫茫的宇宙，冷酷如铁！
茫茫的宇宙，黑暗如漆！
茫茫的宇宙，腥秽如血！

宇宙呀，宇宙，
你为什么存在？
你自从哪儿来？
你坐在哪儿在？
你是个有限大的空球？
你是个无限大的整块？
你若是有限大的空球，

那拥抱着你的空间

他从哪儿来？
你的外边还有些什么存在？
你若是无限大的整块，
这被你拥抱着的空间
他从哪儿来？
你的当中为什么又有生命存在？
你到底还是个有生命的交流？
你到底还是个无生命的机械？

昂头我问天，
天徒矜高，莫有点儿知识。
低头我问地，
地已死了，莫有点儿呼吸。
伸头我问海，
海正扬声而呜唈。

啊啊！
生在这样个阴秽的世界当中，
便是把金刚石的宝刀也会生锈！
宇宙呀，宇宙，
我要努力地把你诅咒：
你脓血污秽着的屠场呀！
你悲哀充塞着的囚牢呀！

你群鬼叫号着的坟墓呀!
你群魔跳梁着的地狱呀!
你到底为什么存在?

我们飞向西方,
西方同是一座屠场。
我们飞向东方,
东方同是一座囚牢。
我们飞向南方,
南方同是一座坟墓。
我们飞向北方,
北方同是一座地狱。
我们生在这样个世界当中,
只好学着海洋哀哭。

凰　歌

足足! 足足! 足足!
足足! 足足! 足足!
五百年来的眼泪倾泻如瀑。
五百年来的眼泪淋漓如烛。
流不尽的眼泪,
洗不净的污浊,
浇不熄的情炎,
荡不去的羞辱,
我们这缥缈的浮生

到底要向哪儿安宿？
啊啊！
我们这缥缈的浮生
好像那大海里的孤舟。
左也是漶漫，
右也是漶漫，
前不见灯台，
后不见海岸，
帆已破，
樯已断，
楫已漂流，
柁已腐烂，
倦了的舟子只是在舟中呻唤，
怒了的海涛还是在海中泛滥。

啊啊！
我们这缥缈的浮生
好像这黑夜里的酣梦。
前也是睡眠，
后也是睡眠，
来得如飘风，
去得如轻烟，
来如风，
去如烟，
眠在后，
睡在前，

我们只是这睡眠当中的
一刹那的风烟。

啊啊！
有什么意思？
有什么意思？
痴！痴！痴！
只剩些悲哀，烦恼，寂寥，衰败，
环绕着我们活动着的死尸，
贯串着我们活动着的死尸。

啊啊！
我们年青时候的新鲜哪儿去了？
我们年青时候的甘美哪儿去了？
我们年青时候的光华哪儿去了？
我们年青时候的欢爱哪儿去了？
去了！去了！去了！
一切都已去了，
一切都要去了。
我们也要去了，
你们也要去了，
悲哀呀！烦恼呀！寂寥呀！衰败呀！

凤凰同歌

啊啊！

火光熊熊了。
香气蓬蓬了。
时期已到了。
死期已到了。
身外的一切！
身内的一切！
一切的一切！
请了！请了！

群鸟歌

岩　鹰

哈哈，凤凰！凤凰！
你们枉为这禽中的灵长！
你们死了吗？你们死了吗？
从今后该我为空界的霸王！

孔　雀

哈哈，凤凰！凤凰！
你们枉为这禽中的灵长！
你们死了吗？你们死了吗？
从今后请看我花翎上的威光！

鸱　枭

哈哈，凤凰！凤凰！
你们枉为这禽中的灵长！

你们死了吗？你们死了吗？
哦！是哪儿来的鼠肉的馨香？[①]

家　鸽

哈哈，凤凰！凤凰！
你们枉为这禽中的灵长！
你们死了吗？你们死了吗？
从今后请看我们驯良百姓的安康！

鹦　鹉

哈哈，凤凰！凤凰！
你们枉为这禽中的灵长！
你们死了吗？你们死了吗？
从今后请听我们雄辩家的主张！

白　鹤

哈哈，凤凰！凤凰！
你们枉为这禽中的灵长！
你们死了吗？你们死了吗？
从今后请看我们高蹈派[②]的徜徉！

凤凰更生歌

鸡　鸣

昕潮涨了，

①《庄子》中有则寓言，意为：有鸱鸮得一腐鼠，看到鹓鸰飞过，以为要来抢它的腐鼠，就对鹓鸰“吓”了一声。这里引用此寓言，以喻鸱鸮看到凤凰死时的得意神态。

② 高蹈派：19世纪中期法国资产阶级诗歌的一个流派，宗旨是“为艺术而艺术”。

听潮涨了，
死了的光明更生了。
春潮涨了，
春潮涨了，
死了的宇宙更生了。

生潮涨了，
生潮涨了，
死了的凤凰更生了。

凤凰和鸣

我们更生了。
我们更生了。
一切的一，更生了。
一的一切，更生了。
我们便是他，他们便是我。
我中也有你，你中也有我。
我便是你。
你便是我。
火便是凰。
凤便是火。
翱翔！翱翔！
欢唱！欢唱！

我们新鲜，我们净朗，
我们华美，我们芬芳，

一切的一，芬芳。
一的一切，芬芳。
芬芳便是你，芬芳便是我。
芬芳便是他，芬芳便是火。
火便是你。
火便是我。
火便是他。
火便是火。
翱翔！翱翔！
欢唱！欢唱！

我们热诚，我们挚爱。
我们欢乐，我们和谐。
一切的一，和谐。
一的一切，和谐。
和谐便是你，和谐便是我。
和谐便是他，和谐便是火。
火便是你。
火便是我。
火便是他。
火便是火。
翱翔！翱翔！
欢唱！欢唱！

我们生动，我们自由，
我们雄浑，我们悠久。

一切的一，悠久。
一的一切，悠久。
悠久便是你，悠久便是我。
悠久便是他，悠久便是火。
火便是你。
火便是我。
火便是他。
火便是火。
翱翔！翱翔！
欢唱！欢唱！

我们欢唱，我们翱翔。
我们翱翔，我们欢唱。
一切的一，常在欢唱。
一的一切，常在欢唱。
是你在欢唱？是我在欢唱？
是他在欢唱？是火在欢唱？
欢唱在欢唱！
欢唱在欢唱！
只有欢唱！
只有欢唱！
欢唱！
　欢唱！
　　欢唱！

1920 年 1 月 20 日初稿
1928 年 1 月 3 日改削

天　狗[1]

我是一条天狗呀！
我把月来吞了，
我把日来吞了，[2]
我把一切的星球来吞了，
我把全宇宙来吞了。
我便是我了！

我是月的光，
我是日的光，
我是一切星球底光，
我是X光线的光，
我是全宇宙的Energy[3]底总量！

我飞奔，
我狂叫，

---

① 本篇最初刊登于1920年2月7日上海《时事新报·学灯》。发表时原注写于1920年1月30日。

② 我把月来吞了，我把日来吞了：我国古代迷信的说法中，认为日、月食是天狗吞日月的结果。古时人们遇日食或月食时都会敲锣打鼓以驱赶天狗。

③ Energy：物理学所研究的“能”。

我燃烧。
我如烈火一样地燃烧！
我如大海一样地狂叫！
我如电气一样地飞跑！
我飞跑，
我飞跑，
我飞跑，
我剥我的皮，
我食我的肉，
我吸我的血，
我啮我的心肝，
我在我神经上飞跑，
我在我脊髓上飞跑，
我在我脑筋上飞跑。

我便是我呀！
我的我要爆了！

1920年2月初作

心　灯[1]

连日不住的狂风，
吹灭了空中的太阳，
吹熄了胸中的灯亮。
炭坑中的炭块呀，凄凉！

空中的太阳，胸中的灯亮，
同是一座公司底电灯一样：
太阳万烛光，我是五烛光，
烛光虽有多少，亮时同时亮。

放学回来我睡在这海岸边的草场上，
海碧天青，浮云灿烂，衰草金黄。
是潮里的声音？是草里的声音？
一声声道：快向光明处伸长！

有几个小巧的纸鸢正在空中飞放，

---

① 本篇最初刊登于1920年2月2日上海《时事新报·学灯》。发表时原注写于1920年1月25日。

纸鸢们也好像欢喜太阳：
一个个恐后争先，争先恐后，
不断地努力、飞扬、向上。

更有只雄壮的飞鹰在我头上飞航，
他在闪闪翅儿，又在停停桨，
他从光明中飞来，又向光明中飞往，
我想到我心底里翱翔着的凤凰。

1920年2月初作

炉中煤[1]

——眷念祖国的情绪

啊，我年青的女郎！
我不辜负你的殷勤，
你也不要辜负了我的思量。
我为我心爱的人儿
燃到了这般模样！

啊，我年轻的女郎！
你该知道了我的前身？
你该不嫌我黑奴鲁莽？
要我这黑奴的胸中，
才有火一样的心肠。

啊，我年青的女郎！
我想我的前身
原本是有用的栋梁，
我活埋在地底多年，

① 本篇最初刊登于 1920 年 2 月 3 日上海《时事新报·学灯》。

到今朝总得重见天光。

啊，我年青的女郎！
我自从重见天光，
我常常思念我的故乡，
我为我心爱的人儿
燃到了这般模样！

1920年1、2月间作

无烟煤

“轮船要煤烧，
我的脑筋中每天至少要
三四立方尺的新思潮。”[1]

Stendhal[2] 哟！
Henri Beyle 哟！
你这句警策的名言，
便是我今天装进了脑的无烟煤了！

夹竹桃底花，
石榴树底花，
鲜红的火呀！
思想的花，
可要几时才能开放呀？

云衣灿烂的夕阳

① “轮船……新思潮”：这一段为1834年11月1日，司汤达被任命为驻罗马教廷辖区契维塔韦基亚领事时致狄·费奥尔信中的内容。

② Stendhal：司汤达（1783—1842），法国小说家，代表作有长篇小说《红与黑》等。

照过街坊上的屋顶来笑向着我，
好像是在说：
“沫若哟！你要往哪儿去哟？”
我悄声地对她说道：
“我要往图书馆里去挖煤去哟！”

日　出[①]

哦哦，环天都是火云！
好象是赤的游龙，赤的狮子，
赤的鲸鱼，赤的象，赤的犀。
你们可都是亚坡罗[②]的前驱？

哦哦，摩托车前的明灯！
你二十世纪底亚坡罗！
你也改乘了摩托车吗？
我想做个你的助手，你肯同意吗？

哦哦，光的雄劲！
玛瑙一样的晨鸟在我眼前飞腾。
明与暗，刀切断了一样地分明！
这正是生命和死亡的斗争！

---

① 本篇最初刊登于1920年3月7日上海《时事新报·学灯》。发表时原注写于1920年2月29日。
② 亚坡罗：今通译为“阿波罗”，即希腊神话中的太阳神。

哦哦，明与暗，同是一样的浮云。
我守看着那一切的暗云……
被亚坡罗的雄光驱除干净！
是凯旋的鼓吹呵，四野的鸡声！

1920年3月间作

晨　安[1]

晨安！常动不息的大海呀！
晨安！明迷恍惚的旭光呀！
晨安！诗一样涌着的白云呀！
晨安！平匀明直的丝雨呀！诗语呀！
晨安！情热一样燃着的海山呀！
晨安！梳人灵魂的晨风呀！
晨风呀！你请把我的声音传到四方去吧！

晨安！我年轻的祖国呀！
晨安！我新生的同胞呀！
晨安！我浩荡荡的南方的扬子江呀！
晨安！我冻结着的北方的黄河呀！
黄河呀！我望你胸中的冰块早早融化呀！
晨安！万里长城呀！
啊啊！雪的旷野呀！
啊啊！我所畏敬的俄罗斯呀！
晨安！我所畏敬的 Pioneer[2] 呀！

---

① 本篇最初发表于 1920 年 1 月 4 日上海《时事新报·学灯》。
② Pioneer：先驱者。

晨安！雪的帕米尔[①]呀！
晨安！雪的喜玛拉雅[②]呀！
晨安！ Bengal 的泰戈尔[③]翁呀！
晨安！自然学园里的学友们呀！
晨安！恒河[④]呀！恒河里面流泻着的灵光呀！

晨安！印度洋呀！红海呀！苏彝士的运河[⑤]呀！
晨安！尼罗河[⑥]畔的金字塔[⑦]呀！
啊啊！你早就幻想飞行的达·芬奇[⑧]呀！[⑨]

---

① 帕米尔：帕米尔高原，在我国新疆维吾尔自治区西南部及塔吉克斯坦、阿富汗边界一带，我国古代亦称葱岭，是天山、昆仑山、喀喇昆仑山、兴都库什山交会而成的高原，位于亚洲中部最高处，终年积雪。

② 喜玛拉雅：喜马拉雅山，分布于我国西藏自治区、印度、不丹、尼泊尔和巴基斯坦境内，是世界最大的山系，高峰林立，终年积雪，其中珠穆朗玛峰，海拔八千八百多米，是世界第一高峰。

③ 泰戈尔：作者原注为，泰戈尔 (Tagore，1861—1941)，印度诗人和哲学家，曾在孟加拉省显替尼克丹森林中创设和平大学，主张将生活与教育融化在自然中，并以为调和东西文化可以为国际和平制造基础。

④ 恒河：南亚的大河，发源于喜马拉雅山南坡，流经印度和孟加拉国，注入孟加拉湾。

⑤ 苏彝士的运河：在埃及东北部，贯通苏伊士地峡，连接红海和地中海，为沟通印度洋与大西洋的重要国际航运通道。苏彝士，现通译为“苏伊士”。

⑥ 尼罗河：世界最长的河流，在非洲东北部。其主流由白尼罗河和青尼罗河汇成，至开罗附近形成三角洲分流入地中海。

⑦ 金字塔：古埃及帝王的陵墓。为巨石砌成的方锥形建筑物，形如汉字的“金”字，故称为“金字塔”，分布在尼罗河两岸。

⑧ 达·芬奇（1452—1519)：意大利文艺复兴时期的画家。

⑨ 啊啊……芬奇呀：这一句 1921 年《女神》初版本时作：“啊啊！你在一个炸弹上飞行的 D'annunzio 呀！”D'annunzio 为邓南遮，意大利作家，其早期作品在西欧文艺界有较大影响。1926 年，墨索里尼发动法西斯政变后，他积极拥护墨索里尼的独裁统治，赞扬侵略战争，成为法西斯主义的鼓吹者。

晨安！你坐在万神祠前面的“沉思者”[①]呀！

晨安！半工半读团的学友们呀！

晨安！比利时呀！比利时的遗民呀！

晨安！爱尔兰呀！爱尔兰的诗人呀！

啊啊！大西洋呀！

晨安！大西洋呀！

晨安！大西洋畔的新大陆呀！

晨安！华盛顿[②]的墓呀！林肯[③]的墓呀！惠特曼[④]的墓呀！

啊啊！惠特曼呀！惠特曼呀！太平洋一样的惠特曼呀！

啊啊！太平洋呀！

晨安！太平洋呀！太平洋上的诸岛呀！太平洋上的扶桑[⑤]呀！

扶桑呀！扶桑呀！还在梦里裹着的扶桑呀！

醒呀！Mésamé[⑥]呀！

快来享受这千载一时的晨光呀！

1920年1月间作

① 沉思者：法国近代雕刻家罗丹的作品，现安置在巴黎万神祠前。

② 华盛顿（1732—1799）：北美独立战争中起义军的总司令，后当选为美国第一任总统。

③ 林肯（1809—1865），美国第十六任总统。他主张解放黑奴，遭到南方奴隶主反对，引起南北战争。北方军队获胜后，奴隶制度废除，他却被南方奴隶主指使的暴徒刺杀而死。

④ 惠特曼（1819—1892），美国诗人，提倡自由诗，他的诗多歌颂自由、理想，诗风热情奔放，著有《草叶集》等。

⑤ 扶桑：《山海经·海外东经》有“汤谷上有扶桑，十日所浴”，《梁书·东夷传》有“扶桑在大汉国东二万余里，地在中国之东，其土多扶桑木，故以为名”，后来称日本为扶桑。

⑥ Mésamé：日文汉字“目觉”的读音，是醒的意思。

笔立山[①]头展望[②]

大都会的脉搏呀！
生的鼓动呀！
打着在，吹着在，叫着在……
喷着在，飞着在，跳着在……
四面的天郊烟幕朦胧了！
我的心脏呀，快要跳出口来了！
哦哦，山岳的波涛，瓦屋的波涛，
涌着在，涌着在，涌着在，涌着在呀！
万籁共鸣的 symphony[③]，
自然与人生的婚礼呀！
弯弯的海岸好像 Cupid[④] 的弓弩呀！
人的生命便是箭，正在海上放射呀！
黑沉沉的海湾，停泊着的轮船，进行着的轮船，数不尽的轮船，

① 笔立山：作者原注为，笔立山在日本门司市西。登山一望，海陆船廛，了如指掌。

② 本篇最初刊登于 1920 年 7 月 11 日上海《时事新报·学灯》。

③ symphony：交响乐。

④ Cupid：现通译为“丘比特”，罗马神话中的爱神，形象是手持弓箭、背生双翼的童子。

一枝枝的烟筒都开着了朵黑色的牡丹呀！
哦哦，二十世纪的名花！
近代文明的严母呀！

1920年6月间作

电火光中[①]

一　怀古——贝加尔湖[②]畔之苏子卿[③]

电灯已着了光，
我的心儿却怎这么幽暗？
我孤独地在市中徐行，
想到了苏子卿在贝加尔湖湖畔。
我想象他披着一件白羊裘，
毡履，毡裳，毡巾复首，
独立在苍茫无际的西比利亚[④]荒原当中，
有雪潮一样的羊群在他背后。
我想象他在个孟春的黄昏时分，
待要归返穹庐，
背景中贝加尔湖上的冰涛，
与天际的白云波连山竖。

① 本篇最初刊登于1920年4月26日上海《时事新报·学灯》。发表时原注为写于1920年4月17日。

② 贝加尔湖：位于今俄罗斯西伯利亚境内。

③ 苏子卿：苏武。据《汉书·李广苏建传》记载：武帝天汉元年（前100），苏武曾出使匈奴，被扣留在那里放牧十多年。

④ 西比利亚：现通译为西伯利亚。

我想象他向着东行，
遥遥地正望南翘首；
眼眸中含蓄着无限的悲哀，
又好像燃着希望一缕。

二　观画——Millet[①]的《牧羊少女》

电灯已着了光，
我的心儿却怎这么幽暗？
我想象着苏子卿的乡思，
我步进了街头的一家画馆。
我赏玩了一回四林湖[②]畔的日晡，
我又在加里弗尼亚州[③]观望瀑布——
哦，好一幅理想的画图！理想以上的画图！
画中的人！你可不便是胡妇[④]吗？胡妇！
一个野花烂漫的碧绿的大平原，
在我的面前绽放。
平原中立着一个持杖的女人，
背后也涌着了一群归羊。
哪怕是苏武归国后的风光，
他的弃妻，他的群羊无恙；

---

① Millet：现通译为米勒（1814—1875)，法国名画家。他的大部分作品描写农民生活，充满对劳动的赞美。

② 四林湖：位于瑞士琉森州，阿尔卑斯山下。

③ 加里弗尼亚州：现通译为加利福尼亚州，是位于美国西部的一个州。

④ 胡妇：苏武在匈奴所娶之妻，《汉书·李广苏建传》对此有记载。

可那牧羊女人的眼中，眼中，
那含蓄的是悲愤？怨望？凄凉？

三　赞像——Beethoven[①] 的肖像

电灯已着了光，
我的心儿却怎这么幽暗？
我望着那弥勒的画图，
我又在《世界名画集》中寻检。
圣母，耶稣的头，抱破瓶的少女……
在我面前翩舞。
哦，贝多芬！贝多芬！
你解除了我无名的愁苦！
你蓬蓬的乱发如像奔流的海涛，
你高涨的白领如像戴雪的山椒。
你如狮的额，如虎的眼，
你这如像“大宇宙意志”[②] 自身的头脑！
你右手持着铅笔，左手持着原稿，
你那笔尖头上正在倾泻着怒潮。
贝多芬哟！你可在倾听什么？
我好像听着你的 symphony 了！

1919 年年末初稿
1928 年 2 月 1 日修改

---

① Beethoven：贝多芬(1770—1827)，德国音乐家。贝多芬家境贫困，幼年以善弹钢琴而著名。三十岁后渐渐失聪。他一生创作了许多名曲，对后来的音乐界影响很大。

② 大宇宙意志：意即把宇宙看成是一个和谐的有秩序的体系。大宇宙，见歌德长篇诗剧《浮士德》第一部《夜》的一幕。

地球，我的母亲！①

地球，我的母亲！
天已黎明了，
你把你怀里的儿来摇醒，
我现在正在你背上匍行。

地球，我的母亲！
你背负着我在这乐园中逍遥。
你还在那海洋里面，
奏出些音乐来，安慰我的灵魂。

地球，我的母亲！
我过去，现在，未来，
食的是你，衣的是你，住的是你，
我要怎么样才能够报答你的深恩？

地球，我的母亲！
从今后我不愿常在家中居住，
我要常在这开旷的空气里面，

① 本篇最初刊登于1920年1月6日上海《时事新报·学灯》。

对于你，表示我的孝心。

地球，我的母亲！
我羡慕你的孝子，田地里的农人，
他们是全人类的保姆，
你是时常地爱抚他们。

地球，我的母亲！
我羡慕你的宠子，炭坑里的工人，
他们是全人类的普罗美修士[①]，
你是时常地怀抱着他们。[②]

地球，我的母亲！
我羡慕那一切的草木，我的同胞，你的儿孙，
他们自由地，自主地，随分地，健康地，
享受着他们的赋生。

地球，我的母亲！
我羡慕那一切的动物，尤其是蚯蚓——
我只不羡慕那空中的飞鸟：

---

①普罗美修士：现通译为普罗米修斯，古希腊神话中的神。相传他曾以黏土造人，教以各种技艺，并将天上的火种偷给人间，因而触怒了宙斯，被缚在高加索山上，忍受鹫鸟啄食肝脏的痛苦。

②1921年《女神》初版本中，这一节下尚有一节，文为：

> 地球！我的母亲！
> 我想除了农工而外，
> 一切的人都是不肖的儿孙，
> 我也是你不肖的儿孙。

他们离了你要在空中飞行。

地球，我的母亲！
我不愿在空中飞行，
我也不愿坐车，乘马，著袜，穿鞋，
我只愿赤裸着我的双脚，永远和你相亲。

地球，我的母亲！
你是我实有性的证人，
我不相信你只是个梦幻泡影，
我不相信我只是个妄执无明①。

地球，我的母亲！
我们都是空桑②中生出的伊尹③，
我不相信那缥缈的天上，
还有位什么父亲。

地球，我的母亲！
我想这宇宙中的一切都是你的化身：
雷霆是你呼吸的声威，
雪雨是你血液的飞腾。

地球，我的母亲！
我想那缥缈的天球，是你化妆的明镜，

---

① 妄执无明：佛家语。妄执，虚妄的执念。无明，心地痴暗。
② 空桑：中空的桑树。
③ 伊尹：商代大臣。

那昼间的太阳，夜间的太阴，
只不过是那明镜中的你自己的虚影。

地球，我的母亲！
我想那天空中一切的星球
只不过是我们生物的眼球的虚影；
我只相信你是实有性的证明。

地球，我的母亲！
已往的我，只是个知识未开的婴孩，
我只知道贪受着你的深恩，
我不知道你的深恩，不知道报答你的深恩。

地球，我的母亲！
从今后我知道你的深恩，
我饮一杯水，纵是天降的甘霖，
我知道那是你的乳，我的生命羹。

地球，我的母亲！
我听着一切的声音言笑，
我知道那是你的歌，
特为安慰我的灵魂。

地球，我的母亲！
我眼前一切的浮游生动，
我知道那是你的舞，

特为安慰我的灵魂。

地球，我的母亲！
我感觉着一切的芬芳彩色，
我知道那是你给我的玩品，
特为安慰我的灵魂。

地球，我的母亲！
我的灵魂便是你的灵魂，
我要强健我的灵魂，
用来报答你的深恩。

地球，我的母亲！
从今后我要报答你的深恩，
我知道你爱我还要劳我，
我要学着你劳动，永久不停！①

1919年12月末作

① 本篇1920年在上海《时事新报·学灯》发表时，最后还有两节，文为：

地球，我的母亲！
从今后我要报答你的深恩，
我要把自己的血液来
养我自己，养我兄弟姐妹们。

地球，我的母亲！
那天上的太阳——你镜中的影，
正在天空中大放光明，
从今后我也要把我内在的光明来照照四表纵横。

登　临[1]

终久怕要下雨吧，
我快登上山去！
山路儿淋漓，
把我引到了山半的庙宇，
听说是梅花的名胜地。

哦，死水一池！
几匹游鳞，
喁喁地向我私语：
“阳春还没有信来，
梅花还没有开意。”

庙中的铜马，
还带着夜来的清露。
驯鸽儿声声叫苦。
驯鸽儿！你们也有什么苦楚？

---

① 本篇原载于作者1920年2月25日致田寿昌（即田汉）的信（该信见1920年5月上海亚东图书局出版的《三叶集》），后发表于1920年3月6日上海《时事新报·学灯》。

口箫儿吹着，
山泉儿流着，
我在山路儿上行着，
我要登上山去。
我快登上山去！
山顶上别有一重天地！

血潮儿沸腾起来了！
山路儿登上一半了！
山路儿淋漓，
粘蜕了我脚上的木屐。
泥上留个脚印，
脚上印着黄泥。

脚上的黄泥！
你请还我些儿自由，
让我登上山去！
我们虽是暂时分手，
我的形骸终久是归你所有。

唉，泥上的脚印！
你好像是我灵魂儿的象征！
你自陷了泥涂，
你自会受人蹂躏。
唉，我的灵魂！
你快登上山顶！

口箫儿吹着，
山泉儿流着，
伐木的声音丁丁着。
山上的人家早有鸡声鸣着。
这不是个交响乐团么？
司乐的人！你在哪儿藏着？

啊啊！
四山都是白云，
四面都是山岭，
山岭原来登不尽。
前山脚下，有两个行人，
好像是一男一女，
好像是兄和妹。
男的背着一捆柴，
女的抱的是什么？
男的在路旁休息着，
女的在兄旁站立着。
哦，好一幅画不出的画图！

山顶儿让我一人登着，
我又感觉着凄楚，
我的安娜[①]！我的阿和[②]！

---

① 安娜：作者的日本妻子佐藤富子。

② 阿和：作者的儿子郭和夫。

你们是在家中吗？
你们是在市中吗？
你们是在念我吗？
终久怕要下雨了，
我要归去。

光 海[①]

无限的大自然，
成了一个光海了。
到处都是生命的光波，
到处都是新鲜的情调，
到处都是诗，
到处都是笑：
海也在笑，
山也在笑，
太阳也在笑，
地球也在笑，
我同阿和，我的嫩苗，
同在笑中笑。

翡翠一样的青松，
笑着在把我们手招。
银箔一样的沙原，
笑着待把我们拥抱。

① 本篇最初刊登于1920年3月19日上海《时事新报·学灯》。

我们来了。
你快拥抱！
我们要在你怀儿的当中，
洗个光之澡！
一群小学的儿童，
正在沙中跳跃：
你撒一把沙，
我还一声笑；
你又把我推翻，
我反把你揎倒。
我回到十五年前的旧我了。

十五年前的旧我呀，
也还是这么年少，
我住在青衣江①上的嘉州②，
我住在至乐山③下的高小。
至乐山下的母校呀！
你怀儿中的沙场，我的摇篮，
可还是这么光耀？
唉！我有个心爱的同窗，
听说今年死了！

---

①青衣江：位于四川西部，古称沫水，是大渡河的支流。
②嘉州：南北朝时北周置，隋废，唐复置。诗中所指为当时的乐山县（今四川省乐山市）。
③至乐山：位于乐山市内。

我契己的心友呀！
你蒲柳一样的风姿，
还在我眼底流连，
你解放了的灵魂，
可也在我身旁欢笑？
你灵肉解体的时分，
念到你海外的知交，
你流了眼泪多少？……

哦，那个玲珑的石造的灯台，
正在海上光照，
阿和要我登，
我们登上了。
哦，山在那儿燃烧，
银在波中舞蹈，
一只只的帆船，
好像是在镜中跑，
哦，白云也在镜中跑，
这不是个呀，生命的写照！

阿和，哪儿是青天？
他指着头上的苍昊。
阿和，哪儿是大地？
他指着海中的洲岛。
阿和，哪儿是爹爹？

他指着空中的一只飞鸟。

哦哈，我便是那只飞鸟！
我便是那只飞鸟！
我要同白云比飞，
我要同明帆赛跑。
你看我们哪个飞得高？
你看我们哪个跑得好？

梅花树下醉歌[①]

——游日本太宰府[②]

梅花！梅花！
我赞美你！我赞美你！
你从你自我当中
吐露出清淡的天香，
开放出窈窕的好花。
花呀！爱呀！
宇宙的精髓呀！
生命的泉水呀！
假使春天没有花，
人生没有爱，
到底成了个什么世界？

梅花呀！梅花呀！
我赞美你！

---

① 本篇最初见于1920年5月上海亚东图书局出版的《三叶集》收入的作者1921年3月30日致宗白华的信（这封信的写作日期，《三叶集》原注为“3月3日作”，据信中所述日期推算，应为3月30日）。

② 太宰府：在日本北九州福冈市。1921年《女神》初版本时，本诗的副标题为“偕田寿昌兄再游太宰府”。

我赞美我自己！
我赞美这自我表现的全宇宙的本体！
还有什么你？
还有什么我？
还有什么古人？
还有什么异邦的名所？
一切的偶像都在我面前毁破！

破！破！破！
我要把我的声带唱破！

演奏会上[①]

Violin[②] 同 Piano[③] 的结婚，
Mendelssohn[④] 的《仲夏夜的梦》[⑤] 都已过了。
一个男性的女青年
独唱着 Brahms[⑥] 的《永远的爱》，
她那 soprano[⑦] 的高声，
唱得我全身的神经战栗。
一千多听众的灵魂都已合体了，
啊，沉雄的和雍，神秘的渊默，浩荡的爱海哟！
狂涛似的掌声把这灵魂的合欢惊破了，
啊，灵魂解体的悲哀哟！

---

① 本篇最初刊登于 1920 年 1 月 8 日上海《时事新报·学灯》。

② Violin：小提琴。

③ Piano：钢琴。

④ Mendelssohn：门德尔松（1809—1847），德国音乐家，其作品典雅而富诗趣。

⑤《仲夏夜的梦》：现通译为《仲夏夜之梦》，作者为莎士比亚，该剧的序曲为门德尔松 17 岁时所作。

⑥ Brahms：现通译为勃拉姆斯（1833—1897），19 世纪后半叶德国乐坛之名家。其作品以情思蕴藉、结构工致、风格沉雄著称。重要作品有交响曲、协奏曲、管弦乐、室内乐等。改编民歌近百首，创作歌曲两百余首。

⑦ soprano：女高音。

夜步十里松原[1]

海已安眠了。
远望去，只看见白茫茫一片幽光，
听不出丝毫的涛声波语。
哦，太空！怎么那样地高超，自由，雄浑，清寥！
无数的明星正圆睁着他们的眼儿，
在眺望这美丽的夜景。
十里松原中无数的古松，
都高擎着他们的手儿沉默着在赞美天宇。
他们一枝枝的手儿在空中战栗，
我的一枝枝的神经纤维在身中战栗。

① 本篇最初刊登于1919年12月20日上海《时事新报·学灯》。

我是个偶像崇拜者[①]

我是个偶像崇拜者哟！
我崇拜太阳，崇拜山岳，崇拜海洋；
我崇拜水，崇拜火，崇拜火山，崇拜伟大的江河；
我崇拜生，崇拜死，崇拜光明，崇拜黑夜；
我崇拜苏彝士、巴拿马[②]、万里长城、金字塔，
我崇拜创造的精神，崇拜力，崇拜血，崇拜心脏；
我崇拜炸弹，崇拜悲哀，崇拜破坏；
我崇拜偶像破坏者，崇拜我！
我又是个偶像破坏者哟！

1920 年 5、6 月间作

① 本篇最初刊登于 1921 年 2 月 14 日上海《时事新报·学灯》。
② 巴拿马：巴拿马运河。

太阳礼赞[1]

青沉沉的大海，波涛汹涌着，潮向东方。
光芒万丈地，将要出现了哟——新生的太阳！

天海中的云岛都已笑得来火一样地鲜明！
我恨不得，把我眼前的障碍一概划平！

出现了哟！出现了哟！耿晶晶地白灼的圆光！
从我两眸中有无限道的金丝向着太阳飞放。

太阳哟！我背立在大海边头紧觑着你。
太阳哟！你不把我照得个通明，我不回去！

太阳哟！你请永远照在我的面前，不使退转！
太阳哟！我眼光背开了你时，四面都是黑暗！

太阳哟！你请把我全部的生命照成道鲜红的血流！

---

① 本篇最初刊登于1921年2月1日上海《时事新报·学灯》。

太阳哟！你请把我全部的诗歌照成些金色的浮沤！

太阳哟！我心海中的云岛也已笑得来火一样地鲜明了！
太阳哟！你请永远倾听着，倾听着，我心海中的怒涛！

沙上的脚印[1]

一

太阳照在我右方，
把我全身的影儿
投在了左边的海里；
沙岸上留了我许多的脚印。

二

太阳照在我左方，
把我全身的影儿
投在了右边的海里；
沙岸上留了我许多的脚印。

三

太阳照在我后方，
把我全身的影儿
投在了前边的海里；

① 本篇最初刊登于 1920 年 2 月 7 日上海《时事新报·学灯》，刊时题为《岸》。1921 年《女神》初版本收入时，题目改为今题。

海潮哟，别要荡去了沙上的脚印！

四

太阳照在我前方，
太阳哟！可也曾把我全身的影儿
投在了后边的海里？
哦，海潮儿早已荡去了沙上的脚印！

新阳关[①]三叠[②]

一

我独自一人，坐在这海岸边的石梁上，
我要欢送那将要西渡的初夏的太阳。
汪洋的海水在我脚下舞蹈，
高伸出无数的臂腕待把太阳拥抱。
他，太阳，披着件金光灿烂的云衣，
要去拜访那四方的同胞兄弟。
他眼光耿耿，不转睛地，紧觑着我。
你要叫我跟你同路去吗？太阳哟！

二

我独自一人，坐在这海岸边的石梁上，
我在欢送那正要西渡的初夏的太阳。
远远的海天之交涌起蔷薇花色的紫霞，
中有黑雾如烟，仿佛是战争的图画。

① 阳关：古地名，在今甘肃省敦煌市境内，是从中原通往西域及中亚等地的重要门户。
② 本篇最初刊登于1920年7月11日上海《时事新报·学灯》。发表时有副标题“宗白华兄砚右”，篇前有小序：“白华，你走了之后，我沉默多时了。此诗是我破默底第一声。”

太阳哟！你便是颗热烈的榴弹哟！
我要看你“自我”的爆裂，开出血红的花朵。
你眼光耿耿，不转睛地，紧觑着我，
我也想跟你同路去哟！太阳哟！

三

我独自一人，坐在这海岸边的石梁上，
我已欢送那已经西渡的初夏的太阳。
我回过头来，四下地观望天宇，
西北南东到处都张挂着鲜红的云旗。
汪洋的海水全盘都已染红了！
Bacchus[①]之群在我面前舞蹈！
你眼光耿耿，可还不转睛地紧觑着我？
我恨不能跟你同路去哟！太阳哟！

1920年4、5月间作

① Bacchus：巴克科斯，罗马神名，即古希腊神话中的狄俄尼索斯，是酒神与欢乐之神。

金字塔

其　一

一个，两个，三个，三个金字塔的尖端
排列在尼罗河畔——是否是尼罗河畔？——
一个高，一个低，一个最低，
塔下的河岸刀截断了一样地整齐，
哦，河中流泻着的涟漪哟！塔后汹涌着的云霞哟！
云霞中隐约地一团白光，恐怕是将要西下的太阳。
太阳游历了地球东半，又要去游历地球西半，
地球上的天工人美怕全盘都已被你看完！
否，否，不然！是地球在自转，公转，
就好像一个跳舞着的女郎将就你看。
太阳哟！太阳的象征哟！金字塔哟！
我恨不能飞随你去哟！飞向你去哟！

其　二

左右蓊郁着两列森林，
中间流泻着一个反写的“之”字，
流向那晚霞重叠的金字塔底。

伟大的寂寥哟，死的沉默哟，
我凝视着，倾听着……
三个金字塔的尖端
好像同时有宏朗的声音在吐：
创造哟！创造哟！努力创造哟！
人们创造力的权威可与神祇比伍！
不信请看我，看我这雄伟的巨制吧！
便是天上的太阳也在向我低头呀！
哦哦，渊默的雷声！我感谢你现身的说教！
我心海中的情涛也已流成了个河流流向你了！
森林中流泻着的“之”江可不是我吗？

1920年6、7月间作

巨炮之教训[①]

博多湾[②]的海岸上，
十里松原的林边，
有两尊俄罗斯的巨炮，
幽囚在这里已十有余年，
正对着西比利亚的天郊，
比着肩儿遥遥望远。

我戴着春日的和光，
来在他们的面前，
横陈在碧荫深处，
低着声儿向着他们谈天：
“幽囚着的朋友们呀，
你们真是可怜！
你们的眼儿恐怕已经望穿？
你们的心中恐怕还有烟火在燃？

① 本篇最初刊登于1920年4月27日上海《时事新报·学灯》。发表时作者原注：“1920年4月18日于福冈”。

② 博多湾：位于日本九州岛的北部，福冈市沿湾而立。

你们怨不怨恨尼古拉斯[①]？
忏不忏悔穷兵黩战？
思不思念故乡？
想不想望归返？

“幽囚着的朋友们呀，
你们为什么都把面皮红着？
你们还是羞？
你们还是怒？
你们的故乡早已改换了从前的故步。
你们往日的冤家，
却又闯进了你们的门庭大肆屠刳，[②]
可怜你们西比利亚的同胞
于今正血流漂杵。
…………”

我对着他们的话儿还未说完，
清凉的海风吹来了些睡眠，
轻轻地吻着我的眉尖。
我刚才垂下眼帘，
有两个奇异的人形前来相见：
一个好像托尔斯泰[③]，

① 尼古拉斯：沙皇尼古拉二世。

② 这句话是指十月革命后日本与美国出兵西伯利亚，进行武装干涉。

③ 托尔斯泰（1828—1910）：俄国作家。代表作有《战争与和平》《安娜·卡列尼娜》《复活》等。

一个好像列宁，
一个涨着无限的悲哀，
一个凝着坚毅的决心。

“托尔斯泰呀，哦！
你在这光天化日之中，
可有什么好话教我？”

“年轻的朋友呀，你可好？
我爱你是中国人。
我爱你们中国的墨与老[①]。
他们一个教人兼爱，节用，非争；
一个倡导慈，俭，不敢先的三宝。
一个尊‘天’，一个讲‘道’，
据我想来，天便是道！”
“哦，你的意见真是好！”

“我还想全世界便是我们的家庭，
全人类都是我们的同胞。
我主张朴素，慈爱的生涯；

---

① 墨与老：墨子、老子。墨子即墨翟，墨家的创始人，主张“兼爱、节用、非攻、尊天”。老子即老聃，道家的创始人，代表作为《道德经》。托尔斯泰晚年曾致力于东方文化，特别是中国哲学的研究，翻译过老子的《道德经》，编辑过论墨子兼爱学说的书。

我主张克己，无抗的信条。①
也不要法庭；
也不要囚牢；
也不要军人；
也不要外交。
一切的人能如农民一样最好！”
“哦，你的意见真是好！”

“唉！我可怜这岛邦②的国民，
他们的眼见未免太小！
他们只知道译读我的糟糠，
不知道率循我的大道。
他们就好像一群猩猩，
只好学着人的声音叫叫！
他们就好像一群疯了的狗儿，
垂着涎，张着嘴，
到处逢人乱咬！”

“同胞！同胞！同胞！”
列宁先生却只在一旁喊叫，
“为阶级消灭而战哟！

① 我主张朴素……信条：托尔斯泰早期站在自由派贵族立场揭露社会矛盾，后期站在宗法农民立场，一方面批判统治阶级，另一方面宣扬“勿以暴力抗恶”“道德自我修养”和基督教的“博爱”思想。

② 岛邦：日本。

为民族解放而战哟！
为社会改造而战哟！[1]
至高的理想只在农劳！
最终的胜利总在吾曹！
同胞！同胞！同胞！……”
他这霹雳的几声，
把我从梦中惊醒了。

1920年4月初间作

---

① 以上四句，1921年《女神》初版本作：
列宁先生却在一旁酣叫，
“为自由而战哟！
为人道而战哟！
为正义而战哟！”
1928年编入《沫若诗集》时被作者删改如今本。

匪徒颂[①]

匪徒有真有假。

《庄子·胠箧》篇里说："故跖之徒问于跖曰：'盗亦有道乎？'跖曰：'何适而无有道耶？夫妄意室中之藏，圣也；入先，勇也；出后，义也；知可否，智也；分均，仁也。五者不备而能成大盗者，天下未之有也。'"

像这样身行五抢六夺，口谈忠孝节义的匪徒是假的。照实说来，他们实在是军神武圣的标本。

物各从其类，这样的假匪徒早有我国的军神武圣们和外国的军神武圣们赞美了。小区区非圣非神，一介"学匪"，只好将古今中外的真正的匪徒们来赞美一番吧。

一

反抗王政的罪魁，敢行称乱的克伦威尔[②]呀！
私行割据的草寇，抗粮拒税的华盛顿呀！
图谋恢复的顽民，死有余辜的黎塞尔[③]呀！

① 本篇最初刊登于1920年1月23日上海《时事新报·学灯》。

② 克伦威尔（1599—1658）：英国17世纪资产阶级革命时期独立派领袖，曾率领议会军战胜王党军队，建立共和国。

③ 黎塞尔（1861—1896）：菲律宾的爱国诗人和民族独立运动领袖。以诗文作号召，为争取菲律宾的自由、民主，从事反西班牙殖民统治的斗争，遭枪杀。

西北南东去来今，
一切政治革命的匪徒们呀！
万岁！万岁！万岁！

二

鼓动阶级斗争的谬论，饿不死的马克思呀！
不能克绍箕裘，甘心附逆的恩格斯呀！①
亘古的大盗，实行共产主义的列宁呀！②
西北南东去来今，
一切社会革命的匪徒们呀！
万岁！万岁！万岁！

三

反抗婆罗门的妙谛，倡导涅槃邪说的释迦牟尼③呀！
兼爱无父、禽兽一样的墨家巨子④呀！
反抗法王的天启，开创邪宗的马丁·路德⑤呀！

---

① 不能克绍……恩格斯：克绍箕裘意为继承祖先的事业。这句指恩格斯背叛了父亲所属的阶级，选择投身于无产阶级解放事业。

② 以上三句，在 1921 年《女神》初版本中作：

倡导社会改造的狂生，瘐而不死的罗素呀！
倡导优生学的怪论，妖言惑众的哥尔栋呀！
亘古的大盗，实行波尔显威克的列宁呀！

1928 年编入《沫若诗集》时，作者改动成如今的版本。

③ 释迦牟尼：佛教的创始者，古代印度北部迦毗罗卫国（今尼泊尔境内）净饭王的儿子。

④ 巨子：墨家学派对其领袖的尊称。

⑤ 马丁·路德（1483—1546）：16 世纪欧洲宗教改革运动的发起人。他否定教皇权威，成为基督教新教路德派的创始人。

西北南东去来今，
一切宗教革命的匪徒们呀！
万岁！万岁！万岁！

四

倡导太阳系统的妖魔，离经叛道的哥白尼[①]呀！
倡导人猿同祖的畜生，毁宗谤祖的达尔文[②]呀！
倡导超人哲学的疯癫，欺神灭像的尼采[③]呀！
西北南东去来今，
一切学说革命的匪徒们呀！
万岁！万岁！万岁！

五

反抗古典三昧的艺风，丑态百出的罗丹呀！
反抗王道堂皇的诗风，饕餮粗笨的惠特曼呀！
反抗贵族神圣的文风，不得善终的托尔斯泰[④]呀！
西北南东去来今，
一切文艺革命的匪徒们呀！
万岁！万岁！万岁！

---

① 哥白尼(1473—1543)：波兰天文学家，“日心说”的创始人。他创立了地球绕日运行的学说，推翻了天文学上统治了一千多年的“地心说”，是天文学上一次重大的革命。

② 达尔文(1809—1882)：英国生物学家，科学的生物进化学说创始人。

③ 尼采(1844—1900)：德国哲学家，唯意志论者，倡导“超人”哲学。

④ 不得善终的托尔斯泰：托尔斯泰晚年厌弃贵族生活，弃家出走，途中患肺炎，死于阿斯塔波沃车站。

六

不安本分的野蛮人，教人“返自然”的卢梭①呀！

不修边幅的无赖汉，擅与恶疾儿童共寝的丕时大罗启②呀！

不受约束的亡国奴，私建自然学园的泰戈尔呀！

西北南东去来今，

一切教育革命的匪徒们呀！

万岁！万岁！万岁！

1919 年年末作

① 卢梭（1712—1778）：法国启蒙思想家、教育学家和文学家。他提出“返归自然”的口号，主张顺应儿童的本性，让他们的身心自由发展。

② 丕时大罗启（1746—1827）：现通译为裴斯泰洛齐，瑞士教育家，曾建立学校，根据卢梭的教育理论教育贫苦儿童。

胜利的死[①]

爱尔兰独立军领袖，新芬[②]党员马克司威尼[③]，自八月中旬为英政府所逮捕以来，幽囚于剌里克士通监狱中，耻不食英粟者七十有三日，终以一千九百二十年十月二十五日死于狱。

其　一

Oh！ once again to Freedom's Cause return,
The patriot Tell—the Bruce of Bannockburn！
爱国者兑尔[④]——邦诺克白村的布鲁士[⑤]，
哦，请为自由之故而再生！

——Thomas Campbell[⑥]

① 本篇最初发表于1920年11月4日上海《时事新报·学灯》。

② 新芬：爱尔兰语 Sinn Fein 的音译，意思是“我们自己”，引申为“爱尔兰人之爱尔兰”的意思。

③ 马克司威尼：早年曾写过诗歌、剧本多种。1913年创建科克郡义勇军，积极从事爱尔兰独立运动，曾多次被英国政府逮捕。1920年3月，他的好友、科克市前市长被英政府杀害，他继任市长。8月12日科克市新芬党法庭开庭审讯英政府警察，法庭遭政府袭击，马克司威尼被捕。他进行绝食斗争，虽经市民游行示威和世界舆论强烈要求，英政府仍不予释放。结果，马克司威尼在绝食73天后逝世。

④ 兑尔：威廉·兑尔，现通译为威廉·退尔。14世纪瑞士的爱国者。

⑤ 布鲁士：14世纪苏格兰的爱国者。

⑥ Thomas Campbell：现通译为坎贝尔，即本篇“附白”中的康沫尔。

哦哦！这是张“眼泪之海”的写真呀！

森严阴耸的大厦——可是监狱的门前？可是礼拜堂的外面？

一群不可数尽的儿童正在跪着祈祷呀！

“爱尔兰独立军的领袖马克司威尼，

投在英格兰，剥里克士通监狱中已经五十余日了，

入狱以来耻不食英粟；

爱尔兰的儿童——跪在大厦前面的儿童

感谢他爱国的至诚，

正在为他请求加护，祈祷。”

可敬的马克司威尼呀！

可爱的爱尔兰的儿童呀！

自由之神终会要加护你们，

因为你们能自相加护，

因为你们是自由神的化身故！

10月13日

其 二

Hope for a Season，bade the world farewell！

And Freedom Shrieked—as Kosciuszko fell！

希望，暂时向世界告别了，

自由也发出惊叫——当珂斯修士哥[①]死了！

——Thomas Campbell

爱尔兰的志士！马克司威尼！

今天是十月二十二日了！（我壁上的日历永不曾引我如此注意）

你囚在剥里克士通监狱中可还活着在吗？
十月十七日伦敦发来的电信
说你断食以来已经六十六日了，
然而容态依然良好；
说你十七日的午后还和你的亲人对谈了须臾，
然而你的神采比从前更加光辉；
说你身体虽日渐衰颓，
然而今天是十月二十二日了！
爱尔兰的志士！马克司威尼呀！
此时此刻的有机物汇当中可还有你的生命存在吗？
十月十七日你的故乡——可尔克[②]市——发来的电信
说是你的同志新芬党员之一人，匪持谢乐德，
囚在可尔克市监狱中断食以来已六十有八日，
终以十七日之黄昏溘然长逝了。
——啊！有史以来罕曾有的哀烈的惨死呀！
爱尔兰的首阳山！爱尔兰的伯夷、叔齐哟！

① 珂斯修士哥：18世纪波兰爱国志士，曾参加美国独立战争。1794年3月，在克拉科夫发动和领导了反对俄国占领军的起义，解放了华沙。因起义失败入狱，后流亡国外，客死异乡。

② 可尔克：现通译为科克，爱尔兰南部重要海港和工业城市。

我怕读得今日以后再来的电信了！

10月22日

其　三

Oh！ sacred Truth！ thy triumph ceased a while.
And Hope，thy sister，ceased with thee to smile.
哦，神圣的真理！你的胜利暂停了一忽，
你的姊妹，希望，也同你一道停止了微笑。

——Thomas Campbell

十月二十一日伦敦发来的电信又到了！
说是马克司威尼已经昏死了去三回了！
说是他的妹子向他的友人打了个电报：
望可尔克的市民早为她的哥哥祈祷，
祈祷他早一刻死亡，少一刻痛伤！

不忍卒读的伤心人语哟！读了这句话的人有不流眼泪的吗？

猛兽一样的杀人政府哟！你总要在世界史中添出一个永远不能磨灭的污点！

冷酷如铁的英人们呀！你们的血管之中早没有拜伦[1]、康沫尔的血液循环了吗？

你暗淡无光的月轮哟！我希望我们这阴莽莽的地球，

[1] 拜伦（1788—1824）：英国浪漫主义诗人。

就在这一刹那间，早早同你一样冰化！

10月24日

其　四

Truth shall restore the light by Nature given,

And, like Prometheus, bring the fire of Heaven!

真理，你将恢复自然所给予的光，

如像普罗美修士带来天火一样！

——Thomas Compbell

汪洋的大海正在唱着他悲壮的哀歌，

穹窿无际的青天已经哭红了他的脸面，

远远的西方，太阳沉没了！——

悲壮的死哟！金光灿烂的死哟！凯旋同等的死哟！

胜利的死哟！

兼爱无私的死神！我感谢你哟！你把我敬爱无暨的马克司威尼早早救了！

自由的战士，马克司威尼，你表示出我们人类意志的权威如此伟大！

我感谢你呀！赞美你呀！“自由”从此不死了！

夜幕闭了后的月轮哟！何等光明呀！……

10月27日

附 白

这四节诗是我数日间热泪的结晶体。各节弁首的诗句都是从苏格兰诗人康沫尔（Thomas Campbell，1777—1844）二十二岁时所作《哀波兰》（The Downfall of Poland）一诗引出，此诗余以为可与拜伦的《哀希腊》一诗并读。拜伦助希腊独立，不得志而病死；康氏亦屡捐献资金以惠助波兰，两诗人义侠之气亦差堪伯仲。如今希腊、波兰均已更生，而拜伦、康沫尔均已逝世。然而西方有第二之波兰，东方有第二之希腊，我希望拜伦、康沫尔之精神“Once again to Freedom's cause return”！（请为自由之故而再生！）

辍了课的第一点钟里

一

“先生辍课了！”
我的灵魂拍着手儿叫道：好好！
我赤足光头，
忙向自然的怀中跑。

二

我跑到松林里来散步，
头上沐着朝阳，
脚下濯着清露，
冷暖温凉，
一样是自然生趣！

三

我走上了后门去路，
后门儿……呀！你才紧紧锁着！

咳！我们人类为什么要自作囚徒?
啊！那门外的海光远远地在向我招呼！

四

我要想翻出墙去；
我监禁久了的良心，
他才有些怕惧。
一对雪白的海鸥正在海上飞舞，
啊！你们真是自由！
咳！我才是个死囚！

五

我踏只脚在门上，
我正要翻出监墙，
“先生！你别忙！”
背后的人声
叫得我面皮发烧，心发慌。

六

一个扫除的工人，
挑担灰尘在肩上，
慢慢地开了后门，

笑嘻嘻地把我解放……

七

工人！我的恩人！
我在这海岸上跑去跑来，
我真快畅！
工人！我的恩人！
我感谢你得深深，
同那海心一样！

夜[1]

夜！黑暗的夜！
要你才是“德谟克拉西[2]”！
你把这全人类来拥抱：
再也不分什么贫富、贵贱，
再也不分什么美恶、贤愚，
你是贫富、贵贱、美恶、贤愚一切乱根苦蒂的大熔炉。
你是解放、自由、平等、安息，一切和胎乐蕊的大工师。
黑暗的夜！夜！
我真正爱你，
我再也不想离开你。
我恨的是那些外来的光明：
他在这无差别的世界中
硬要生出一些差别起。

1919年间作

① 本篇最初发表于1920年1月13日上海《时事新报·学灯》。
② 德谟克拉西：民主。

死[1]

嗳！
　　要得真正的解脱吓，
　　还是除非死！
死！
　　我要几时才能见你？
　　你譬比是我的情郎，
　　我譬比是个年轻的处子。
　　我心儿很想见你，
　　我心儿又有些怕你。
我心爱的死！
　　我到底要几时才能见你？

1919年间作

---

① 本篇最初刊登于1920年1月13日上海《时事新报·学灯》。

Venus①

我把你这张爱嘴，
比成着一个酒杯。
喝不尽的葡萄美酒，
会使我时常沉醉！

我把你这对乳头，
比成着两座坟墓。
我们俩睡在墓中，
血液儿化成甘露！

1919年间作②

① Venus：现通译为维纳斯，是罗马神话中司爱和美的女神。

② 1919年间作：作者在1936年9月4日所写《我的作诗的经过》一文中说，这首诗是民国五年（1916）夏秋之交与《新月与白云》《死的诱惑》《别离》等诗先后作的，而在《学生时代·创造十年》第三节中则说，《死的诱惑》《新月与白云》《别离》等诗是1918年所写。

别　离

残月黄金梳，
我欲掇之赠彼姝。
彼姝不可见，
桥下流泉声如泫。

晓日月桂冠，
掇之欲上青天难。
青天犹可上，
生离令我情惆怅。

附　白

此诗内容余曾改译如下：

一弯残月儿
还高挂在天上。
一轮红日儿
早已出自东方。
我送了她回来，
走到这旭川桥上；
应着桥下流水的哀音，

我的灵魂儿
向我这般歌唱：
月儿啊！
你同那黄金梳儿一样。
我要想爬上天去，
把你取来；
用着我的手儿，
插在她的头上。
咳！
天这样的高，
我怎能爬得上？
天这样的高，
我纵能爬得上，
我的爱呀！
你今儿到了哪方？

太阳呀！
你同那月桂冠儿一样。
我要想爬上天去，
把你取来；
借着她的手儿，
戴在我的头上。
咳！
天这样的高，
我怎能爬得上？
天这样的高，

我纵能爬得上，
我的爱呀！
你今儿到了哪方？
一弯残月儿
还高挂在天上。
一轮红日儿
早已出自东方。
我送了她回来
走到这旭川桥上；
应着桥下流水的哀音，
我的灵魂儿
向我这般歌唱。

1919年3、4月间作

春 愁

是我意凄迷？
是天萧条耶？
如何春日光，
惨淡无明辉？
如何彼岸山，
低头不展眉？
周遭打岸声，
海兮汝语谁？
海语终难解，
空见白云飞。

1919年3、4月间作

司健康的女神

Hygeia[1] 哟！
你为什么弃了我？
我若再得你蔷薇花色的脸儿来亲我，
我便死——也灵魂安妥。
Hygeia 哟，
你为什么弃了我？

① Hygeia：现通译为健康女神，通常指希腊神话中的海吉娅女神。

新月与白云

月儿呀！你好像把镀金的镰刀。
你把这海上的松树斫倒了，
哦，我也被你斫倒了！

白云呀！你是不是解渴的凌冰？
我怎得把你吞下喉去，
解解我火一样的焦心？

1919年夏秋之间作

火葬场

我这瘟颈子上的头颅，
好像那火葬场里的火炉；
我的灵魂呀，早已被你烧死了！
哦，你是哪儿来的凉风？
你在这火葬场中，
也吹出了一株——春草。

鹭　鸶①

鹭鸶！鹭鸶！
你自从哪儿飞来？
你要向哪儿飞去？
你在空中画了一个椭圆，
突然飞下海里，
你又飞向空中去。

你突然又飞下海里，
你又飞向空中去。
雪白的鹭鸶！
你到底要飞向哪儿去？

1919年夏秋之间作

① 本篇最初发表于1919年9月11日上海《时事新报·学灯》。

鸣　蝉[①]

生生不息的鸣蝉呀！
秋哟！时浪的波音哟！
一声声长此逝了……

① 本篇最初发表于1920年10月17日上海《时事新报·学灯》。

晚　步[1]

松林呀！你怎么这样清新！
我同你住了半年，
从也不曾看见
这沙路儿这样平平！

两乘拉货的马车从我面前经过，
倦了的两个车夫有个在唱歌。
他们那空车里载的是些什么？
海潮儿应声着：平和！平和！

① 本篇最初发表于1919年10月23日上海《时事新报·学灯》。

春 蚕[①]

蚕儿呀，你在吐丝……
哦，你在吐诗！
你的诗，怎么那样地
纤细、明媚、柔腻、纯粹！
那样地……嗳！我已形容不出你。

蚕儿呀，你的诗
可还是出于有心？无意？
造作矫揉？自然流泻？
你可是为的他人？
还是为的你自己？

蚕儿呀，我想你的诗
终怕是出于无心，
终怕是出于自然流泻。
你在创造你的“艺术之宫”，
终怕是为的你自己。

---

① 本篇最初刊登于1920年9月7日出版的上海《新的小说》二卷一期。在这一期中载有作者1920年7月26日致陈建雷的《论诗》通信，信中录有题为《春蚕》的诗，但与收入《女神》的本诗在字句上有较大的不同。

蜜桑索罗普[①]之夜歌[②]

无边天海呀！
一个水银的浮沤！
上有星汉湛波，
下有融晶泛流，
正是有生之伦睡眠时候。
我独披着件白孔雀的羽衣，
遥遥地，遥遥地，
在一只象牙舟上翘首。

啊，我与其学做个泪珠的鲛人[③]，
返向那沉黑的海底流泪偷生，
宁在这缥缈的银辉之中，
就好像那个坠落了的星辰，
曳着带幻灭的美光，

① 蜜桑索罗普：厌世者。

② 本篇最初发表于1921年3月15日北京《少年中国》（季刊）第二卷第九期田汉所译《沙乐美》之译文前。

③ 鲛人：神话传说中的人鱼，能泣泪成珠。

向着“无穷”长殒！

前进！……前进！

莫辜负了前面的那轮月明！

1920年11月23日

霁　月

淡淡地，幽光
浸洗着海上的森林。
森林中寂寂深深，
还滴着黄昏时分的新雨。

云母面就了般的白杨行道
坦坦地在我面前导引，
引我向沉默的海边徐行。
一阵阵的暗香和我亲吻。

我身上觉着轻寒，
你偏那样地云衣重裹，
你团圞无缺的明月哟，
请借件缟素的衣裳给我。

我眼中莫有睡眠，
你偏那样地雾帷深锁。
你渊默无声的银海哟，
请提起幽渺的波音和我。

晴　朝

池上几株新柳，
柳下一座长亭，
亭中坐着我和儿，
池中映着日和云。

鸡声、群鸟声、鹦鹉声
溶流着的水晶一样！
粉蝶儿飞去飞来，
泥燕儿飞来飞往。

落叶蹁跹，
飞下池中水。
绿叶蹁跹，
翻弄空中银辉。

一只白鸟，
来在池中飞舞。
哦，一湾的碎玉！
无限的青蒲！

岸　上[1]

其　一

岸上的微风
早已这么清和！
远远的海天之交，
只剩着晚红一线。
海水渊青，
沉默着断绝声哗。
青青的郊原中，
慢慢地移着步儿，
只惊得草里的蛤蟆四窜。
渔家处处，
吐放着朵朵有凉意的圆光。
一轮皓月儿
早在那天心孤照。
我吹着支
小小的哈牟尼笳[2]，

① 本篇最初发表于1920年8月28日上海《时事新报·学灯》。发表时和1921年《女神》初版时，题目为《岸上三首》。

② 哈牟尼笳：口琴。

坐在这海岸边的破船板上。
一种寂寂的幽音
好像要充满那莹洁的寰空。
我的身心
好像是——融化着在。

1920年7月26日

其　二

天又昏黄了。
我独自一人
坐在这海岸上的渔舟里面，
我正对着那轮皓皓的月华，
深不可测的晴空！
深不可测的天海呀！
海湾中喧豗着的涛声
猛烈地在我背后推荡！
Poseidon[①]呀，
你要把这只渔舟
替我推到那天海里去？

1920年7月27日

其　三

哦，火！
铅灰色的渔家顶上，

① Poseidon：波塞冬，希腊神话中的海神。

昏昏的一团红火！
鲜红了……嫩红了……
橙黄了……金黄了……
依然还是那轮皓皓的月华！
“无穷世界的海边群儿相遇。
无际的青天静临，
不静的海水喧豗。
无穷世界的海边群儿相遇，叫着，跳着。”①
我又坐在这破船板上，
我的阿和
和着一些孩儿们
同在沙中游戏。
我念着泰戈尔的一首诗，
我也去和着他们游戏。
嗳！我怎能成就个纯洁的孩儿？

1920 年 7 月 29 日

①“无穷世界……跳着”：出自泰戈尔的长诗《吉檀迦利》。

晨 兴

月光一样的朝暾
照透了这蓊郁着的森林，
银白色的沙中交横着迷离的疏影。

松林外海水清澄，
远远的海中岛影昏昏，
好像是，还在恋着他昨宵的梦境。

携着个稚子徐行，
耳琴中交响着鸡声、鸟声，
我的心琴也微微地起了共鸣。

春之胎动[①]

独坐北窗下举目向楼外四望：
春在大自然的怀中胎动着在了！

远远一带海水呈着雌虹般的彩色，
俄而带紫，俄而深蓝，俄而嫩绿。

暗影与明辉在黄色的草原头交互浮动，
如像有探海灯在转换着的一般。

天空最高处作玉蓝色，有几朵白云飞驰；
白云的缘边色如乳糜，叫人微微炫目。

楼下一只白雄鸡，戴着鲜红的柔冠，
长长的声音叫得以（已）有几分倦意了。

几只杂色的牝鸡偃伏在旁边的沙地中，
那些女郎们都带着些娇慵无力的样儿。

① 本篇收入《女神》前未见发表过。

海上吹来的微风才在鸡尾上动摇，
早悄悄地偷来吻我的颜面，又偷跑了。

空漠处时而有小鸟的歌声。
几朵白云不知飞向何处去了。

海面上突然飞来一片白帆……
不一刹那间也不知飞向何处去了。

2月26日

日暮的婚筵[1]

夕阳，笼在蔷薇花色的纱罗中，
如像满月一轮，寂然有所思索。

恋着她的海水也故意装出个平静的样儿，
可他嫩绿的绢衣却遮不过他心中的激动。

几个十二三岁的小姑娘，笑语娟娟地，
在枯草原中替他们准备着结欢的婚筵。

新嫁娘最后涨红了她丰满的庞儿，
被她最心爱的情郎拥抱着去了。

2月28日

[1] 本篇收入《女神》前未见发表过。

新　生[1]

紫罗兰的，
圆锥。
乳白色的，
雾帷。
黄黄地，
青青地，
地球大大地
呼吸着朝气。
火车
高笑
向……向……
向……向……
向着黄……
向着黄……
向着黄金的太阳
飞……飞……飞……

① 本篇最初刊登于1921年4月23日上海《时事新报·学灯》。原来的诗名是《归国吟》，后被改成此。

飞跑，

飞跑，

飞跑。

好！好！好！……

1921年4月1日

海舟中望日出[1]

铅的圆空，
蓝靛的大洋，
四望都无有，
只有动乱，荒凉，
黑汹汹的煤烟
恶魔一样！

云彩染了金黄，
还有一个爪痕露在天上。
那只黑色的海鸥
可要飞向何往？
我的心儿，好象
醉了一般模样。
我倚着船栏，
吐着胆浆……

哦！太阳！
白晶晶地一个圆珰！

① 本篇最初发表于1921年4月24日上海《时事新报·学灯》。

在那海边天际
黑云头上低昂。

我好容易才得盼见了你的容光！
你请替我唱着凯旋歌哟！
我今朝可算是战胜了海洋！

4月3日

黄浦江口

平和之乡哟！
我的父母之邦！
岸草那么青翠！
流水这般嫩黄！

我倚着船栏远望，
平坦的大地如像海洋，
除了一些青翠的柳波，
全没有山崖阻障。

小舟在波上簸扬，
人们如在梦中一样。
平和之乡哟！
我的父母之邦！

4月3日

上海印象[①]

我从梦中惊醒了！
Disillusion[②] 的悲哀哟！

游闲的尸，
淫嚣的肉，
长的男袍，
短的女袖，
满目都是骷髅，
满街都是灵柩，
乱闯，
乱走。
我的眼儿泪流，
我的心儿作呕。

我从梦中惊醒了。
Disillusion 的悲哀哟！

4 月 4 日

① 本篇最初发表于 1921 年 4 月 24 日上海《时事新报·学灯》。

② Disillusion：幻灭。

西湖纪游①

沪杭车中

一

我已几天不见夕阳了，
那天上的晚红
不是我焦沸着的心血吗？
我本是“自然”的儿，
我要向我母亲怀中飞去！

二

巨朗的长庚②
照在我故乡的天野，
啊！我所渴仰着的西方哟！
紫色的煤烟
散成了一朵朵的浮云
向空中消去。

① 本篇最初分别以《沪杭车中》《雷峰塔下》《赵公祠畔》《三潭印月》《雨中望湖》和《司春的女神歌》为题，发表于1921年4月25日、26日、28日、30日和5月2日上海《时事新报·学灯》。

② 长庚：我国古代指傍晚出现在西方天空的金星。

哦！这清冷的晚风！
火狱中的上海哟！
我又弃你去了。

三

火车向着南行，
我的心思和他成个十字：
我一心念着我西蜀的娘，
我一心又念着我东国的儿，
我才好像个受着磔刑的耶稣哟！

四

唉！我怪可怜的同胞们哟！
你们有的只拼命赌钱，
有的只拼命吸烟，
有的连倾啤酒几杯，
有的连翻番菜几盘，
有的只顾酣笑，
有的只顾乱谈。
你们请看哟！
那几个肃静的西人
一心在勘校原稿哟！
那几个骄慢的东人
在一旁嗤笑你们哟！
啊！我的眼睛痛呀！痛呀！

要被百度以上的泪泉涨破了！
我怪可怜的同胞们哟！

4月8日

雷峰塔[①]下

其　一

雷峰塔下，
一个锄地的老人，
脱去了上身的棉衣，
挂在一旁嫩桑的枝上。
他息着锄头，
举起头来看我。
哦，他那慈和的眼光，
他那健康的黄脸，
他那斑白的须髯，
他那筋脉隆起的金手。
我想去跪在他的面前，
叫他一声："我的爹！"
把他脚上的黄泥舔个干净。

其　二

菜花黄，
湖草平，
杨柳毵毵，

① 雷峰塔：位于杭州西湖南岸夕照山上，五代吴越王钱俶时建。1924年雷峰塔倒塌，后在旧塔的遗址上建了新塔，沿用旧塔的平面八角形楼阁式造型。

湖中生倒影。

朝日曛，
鸟声温，
远景昏昏，
梦中的幻境。

好风轻，
天宇莹，
云波层层，
舟在天上行。

4月9日

赵公祠畔

钟声，
鸦鸟鸣，
赵公祠畔
朝气氤氲。
儿童的歌声远闻。

醉红的新叶，
青嫩的草藤，
高标的林树，
都含着梦中幽韵。
白堤前横，
湖中柳影青青。

两张明镜！

草上的雨声，
打断了我的写生。
红的草叶不知名，
摘去问问舟人。

雨打平湖点点，
舟人相接殷勤。
登舟问草名，
我才不辨他的土音。
汲取一杯湖水，
把来当作花瓶。

三潭印月

一

沿堤的杨柳
倒映潭心，

苍黄、绿嫩。
不须有月来，
已自可人。

二

缓步潭中曲径,
烟雨溟溟,
衣裳重了几分。

雨中望湖

——湖畔公园小御碑亭上

雨声这么大了,
湖水却染成一片粉红。
四围昏蒙的天
也都带着醉容。
浴沐着的西子[①]哟,
裸体的美哟!
我的身中……
这么不可言说的寒噤!
哦,来了几位写生的姑娘,
可是,unschoeh[②]。

4月10日

司春的女神歌

司春的女神来了。
提着花篮来了。

---

① 西子:美女西施。宋代诗人苏轼以此比喻西湖。原诗为:“欲把西湖比西子,淡妆浓抹总相宜。”因此后人也称西湖为西子湖。

② unschoeh:不美丽、不漂亮。

散着花儿来了。
唱着歌儿来了。

“我们催着花儿开，
我们散着花儿来，
我们的花儿，
只许农人簪戴。”

红的桃花，白的李花，
黄的菜花，蓝的豆花，
还有许多不知名的草花，
散在树上，散在地上，
散在农人们的田上。

沿路走，沿路唱：
“花儿也为诗人开，
我们也为诗人来，
如今的诗人
可惜还在吃奶。”

司春的女神去了。
提着花篮去了。
散完花儿去了。
唱着歌儿去了。

4月11日，游西湖归，沪杭车中作。

献 诗

啊，闪烁不定的星辰哟！
你们有的是鲜红的血痕，
有的是净朗的泪晶——
在你们那可怜的幽光之中
含蓄了多少沉深的苦闷！

我看见一只带了箭的雁鹅，
啊！它是个受了伤的勇士，
它偃卧在这莽莽的沙场之时
仰望着那闪闪的幽光，
也感受了无穷的安慰。

眼不可见的我的师哟！
我努力地效法了你的精神：
把我的眼泪，把我的赤心，
编成了一个易朽的珠环，
捧来在你脚下献我悃忱。

1922年12月24日夜，星影初现时做此。

星 空

美哉！美哉！
天体于我，
不曾有今宵欢快！
美哉！美哉！
我今生有此一宵，
人生诚可赞爱！
永恒无际的合抱哟！
惠爱无涯的目语哟！
太空中只有闪烁的星和我。

哦，你看哟！
你看那双子正中，
五车正中，
W 形的 Cassiopeia[①]
横在天河里。
天船积尸的 Perseus[②]
也横在天河里。

① Cassiopeia：仙后座。

② Perseus：英仙座，附近每年都会出现流星雨。

半钩的新月
含着几分凄凉的情趣。
绰约的 Andromeda[①]，
低低地垂在西方，
乘在那有翼之马的
Pegasus[②] 背上。
北斗星低在地平，
斗柄，好像可以用手斟饮。
斟饮呀，斟饮呀，斟饮呀，
我要饮尽那天河中流荡着的酒浆，
拼一个长醉不醒！
花毡一般的 Orion[③] 星，
我要去睡在那儿，
叫织女[④]来伴枕，
叫少女[⑤]来伴枕。

唉，可惜织女不见面呀；
少女也不见面呀。
目光炯炯的大犬[⑥]，小犬[⑦]，
监视在天河两边，

---

① Andromeda：仙女座，位于大熊座的下方。

② Pegasus：飞马座，位于仙女座附近。

③ Orion：猎户座。

④ 织女：织女星，属天市垣，共三星。

⑤ 少女：通称室女座。

⑥ 大犬：南天星座之一。

⑦ 小犬：赤道带星座之一。

无怪那牧牛的河鼓[1]，
他也不敢出现。

天上的星辰完全变了！
北斗星高移在空中，
北极星依然不动。
正西的那对含波的俊眼，
可便是双子星吗？
美哉！美哉！
永恒不易的天球
竟有如许变换！
美哉！美哉！
我醉后一枕黑甜，
天机却永恒在转！
常动不息的大力哟，
我该得守星待旦。

我迎风向海上飞驰，
人籁无声，
古代的天才
从星光中显现！
巴比伦的天才，
埃及的天才，
印度的天才，

---

① 河鼓：河鼓二。亦称牵牛，俗称牛郎星。

中州[1]的天才，
星光不灭，
你们的精神
永远在人类之头昭在！
泪珠一样的流星坠了，
已往的中州的天才哟！
可是你们在空中落泪？
哀哭我们堕落了的子孙，
哀哭我们堕落了的文化，
哀哭我们滔滔的青年
莫几人能知
哪是参商[2]，哪是井鬼[3]？
悲哉！悲哉！
我也禁不住滔滔流泪……

哦，亲惠的海风！
浮云散了，
星光愈见明显。
东方的狮子[4]
已移到了天南，
光琳琅的少女哟，
我把你误成了大犬。

---

① 中州：中国。

② 参商：参星和商星。

③ 井鬼：二十八宿中朱雀七宿的第一、二宿。

④ 狮子：星座名，黄道十二星座之一。

蜿蜒的海蛇[①]
你横亘在南东，
毒光熊熊的蝎与狼[②]，
你们怕不怕 Apollo 的金箭？
哦，Orion 星何处去了？
我想起《绸缪》[③]一诗来了。
那对从昏至旦地
欢会着的爱人哟！
三星在天[④]时，
他们邂逅山中；
三星在隅时，
他们避人幽会；
三星在户时，
他们犹然私语！
自由优美的古之人，
便是束草刈薪的村女山童，
也知道在恒星的推移中，
寻觅出无穷的诗料，
啊，那是多么可爱哟！
可惜那青春的时代去了！

① 海蛇：通称长蛇座。

② 蝎与狼：天蝎座和天狼星。

③《绸缪》：《诗经·唐风》中的篇名。

④ 三星在天："三星在天"是《绸缪》篇三章的首句，下面的"三星在隅""三星在户"出处同"三星在天"。据《卷耳集·唐风·绸缪》，"三星"是指参宿三星，即唐代孔颖达《毛诗正义》引《汉书·天文志》所说"参白虎宿三星"。

可惜那自由的时代去了！
唉，我仰望着星光祷告，
祷告那青春时代再来！
我仰望着星光祷告，
祷告那自由时代再来！
鸡声渐渐起了，
初升的朝云哟，
我向你再拜，再拜。

1922年2月4日晨

洪水时代

一

我望着那月下的海波，
想到了上古时代的洪水，
想到了一个浪漫的奇观，
使我的中心如醉。
那时节茫茫的大地之上
汇成了一片汪洋；
只剩下几朵荒山
好像是海洲一样。
那时节，鱼在山腰游戏，
树在水中飘摇，
孑遗的人类
全都逃避在山椒。

二

我看见，涂山之上
徘徊着两个女郎：

一个抱着初生的婴儿，
一个扶着抱儿的来往。
她们头上的散发，
她们身上的白衣，
同在月下迷离，
同在风中飘举。
抱儿的，对着皎皎的月轮，
歌唱出清越的高音；
月儿在分外扬辉，
四山都生起了回应。

三

“等待行人呵不归，
滔滔洪水呵几时消退？
不见净土呵已满十年，
不见行人呵已满周岁。
儿生在抱呵儿爱号啕，
不见行人呵我心寂寥。
夜不能寐呵在此徘徊，
行人何处呵今宵？——
唉，消去吧，洪水呀！
归来吧，我的爱人呀！
你若不肯早归来，

我愿成为那水底的鱼虾！”

四

远远有三人的英雄
乘在只独木舟上，
他们是椎髻、裸身，
在和激涨的潮流接仗。
伯益在舟前撑篙，
后稷在舟后摇艄，
夏禹手执斧斤，
立在舟之中腰。
他有时在斫伐林树，
他有时在开凿山岩。
他们在奋涌着原人的力威
想把地上的狂涛驱回大海！

五

伯益道：“好悲切的歌声！
哪怕是涂山上的夫人？”
后稷道：“我们摇船去吧，
去安慰她耿耿的忧心！”
夏禹，只把手中的斤斧暂停，

笑说道："那只是虚无的幻影！
宇宙便是我的住家，
我还有什么个私有的家庭。
我手要胼到心，
脚要胼到顶，
我若不把洪水治平，
我怎奈天下的苍生？"……

六

哦，皎皎的月轮
早被稠云遮了。
浪漫的幻景
在我眼前闭了。
我坐在岸上的舟中，
思慕着古代的英雄，
他那刚毅的精神
好像是近代的劳工。
你伟大的开拓者哟，
你永远是人类的夸耀！
你未来的开拓者哟，
如今是第二次的洪水时代了！

1921年12月8日作

附 注

此诗出典见《吕氏春秋·季夏纪·音初篇》。篇中有云:“禹行功,见涂山之女。禹未之遇而巡省南土。涂山氏之女乃命其妾候禹于涂山之阳,女乃作歌曰:‘候人兮,猗!’实始作为南音。”

此外《尚书·咎繇谟》据今文《尚书》有“娶于嵞山,辛壬癸甲,启呱呱而泣,予弗子,惟荒度土功”数语。禹父治水九年不成,禹娶后三日而出,迄启呱呱坠地时当已一年,故上有“不见净土呵已满十年”之语,非系杜撰也。

月下的司芬克司[1]

——赠陶晶孙[2]

夜已半，
一轮美满的明月
露在群松之间。

木星照在当头，
照着两个“司芬克司”在走。
夜风中有一段语声泄漏——

一个说：
好像在尼罗河畔
金字塔边盘桓。

一个说：
月儿是冷淡无语，
照着我红豆子的苗儿。

---

① 司芬克司：今通译为斯芬克斯。一指狮身人面像，古埃及的一种石雕像，最著名的是埃及吉萨地方第四王朝法老哈夫拉金字塔附近的狮身人面像。一指希腊神话中的带翼狮身女怪。传说她常叫过路人猜谜，猜不出来就加以杀害。后她因谜底被俄狄浦斯道破而自杀。现常用以隐喻“谜”一样的人物。

② 陶晶孙（1897—1952）：江苏无锡人。早期创造社成员。

苦味之杯

啊啊，苦味之杯哟，
人生是自见此地之光
不得不尽量倾饮。
呱呱坠地的新生儿的悲声！
为甚要离开你温暖的慈母之怀，
来在这空漠的、冷酷的世界？

啊啊，天光渐渐破晓了，
群星消沉，
美丽的幻景灭了。
晨风在窗外呻吟，
我们日日朝朝新尝着诞生的苦闷。

啊啊，
人为什么不得不生？
天为什么不得不明？
苦味之杯哟，
我为什么不得不尽量倾饮？

静 夜

月光淡淡
笼罩着村外的松林。
白云团团，
漏出了几点疏星。

天河何处？
远远的海雾模糊。
怕会有鲛人在岸，
对月流珠？

偶成

月在我头上舒波，
海在我脚下喧豗，
我站在海上的危崖，
儿在我怀中睡了。

南　风

南风自海上吹来，
松林中斜标出几株烟霭。
三五白帕蒙头的青衣女人，
殷勤勤地在焚扫针骸。

好幅典雅的画图，
引诱着我的步儿延伫，
令我回想到人类的幼年，
那恬淡无为的太古。

1921 年 10 月 10 日

白　云

鱼鳞斑斑的白云，
波荡在海青色的天里；
是首韵和音雅的，
灿烂的新诗。

听哟，风在低吟，
海在扬声唱和；
这么冰感般的，
幽缭的音波。

新　月

小小的婴儿，
坐在檐前欢喜，
拍拍着两两的手儿，
又伸伸着向天空指指。

夕阳的返照，
还淡淡地晕着微红，
原来是黄金的月镰，
业已现在西空。

1921 年 10 月 14 日

雨 后

雨后的宇宙，
好像泪洗过的良心，
寂然幽静。

海上泛着银波，
天空还晕着烟云，
松原的青森！

平平的岸上，
渔舟一列地骈陈，
无人踪印。

有两三灯火，
在远远的岛上闪明——
初出的明星？

1921年10月20日

黄海中的哀歌

我本是一滴的清泉呀，
我的故乡，
本在那峨眉山的山上。
山风吹我，
一种无名的诱力引我，
把我引下山来；
我便流落在大渡河里，
流落在扬子江里，
流过巫山，
流过武汉，
流通江南，
一路滔滔不尽的浊潮
把我冲荡到海里来了。
浪又浊，
漩又深，
味又咸，
臭又腥，
险恶的风波

没有一刻的宁静，
滔滔的浊浪
早已染透了我的深心。
我要几时候
才能恢复得我的清明哟？

仰 望

污浊的上海市头，
干净的存在
只有那青青的天海！

污浊了的我的灵魂！
你看那天海中的银涛，
流逝得那么愉快！

一只白色的海鸥飞来了。
污浊了的我的灵魂！
你乘着它的翅儿飞去吧！

江湾即景

蝉子的声音！

一湾溪水，
满面浮萍。

郊原的空气——
这样清新！

对岸的杨柳
摇……摇……

白头乌！
十年不见了！

柳荫下，
浮着一群鸭子呀！

吴淞堤上

一道长堤
隔就了两个世界。
堤内是中世纪的风光，
堤外是未来派的血海。
可怕的血海，
混沌的血海，
白骨翻澜的血海，
鬼哭神号的血海，
惨黄的太阳照临着在。
这是世界末日的光景，
大陆，陆沉了吗！

赠　友

吴淞堤上的晚眺，
吴淞江畔的夜游，
多情的明月与夕阳
把我们的影儿
写在水里，印在沙上。
沙与水上的影儿
是容易消灭的，
我心眼中的一个影儿
是永不消灭的。

火星从窗外窥人，
月儿在白杨树外偷听，
偷听你那么清婉的歌音。
星与月的影儿
有离去的时候，
我心耳中的一段歌声
永没有离去的时候。
朋友！
我读你的诗，

我是多么荣幸哟！
你读我的诗，
我又是多么荣幸哟！
宇宙中好像只有我和你，
宇宙万汇都有死，
我与你是永远不死。

夜 别

轮船停泊在风雨之中，
你我醉意醺浓，
在暗淡的黄浦滩头浮动。
凄寂的呀，
我两个飘蓬！

你我都是去得匆匆，
终个是免不了的别离，
我们辗转相送。
凄寂的呀，
我两个飘蓬！

海上

夕阳，
瞬刻万变的霞光！
西方的那朵木星哟，
又巨，又朗！
那儿的下面
便是昨儿别了的
风吹雨打的故乡。
故乡！
你虽是雨打风吹，
我总觉心儿惆怅。

彷徨，彷徨，
欲圆未圆的月儿
已高高露在天上。
旷渺无际的光波！
旷渺无际的海洋！
大海平铺，
大船直往。
我愿我有限的生涯，
永在这无际之中彷徨！

灯　台

那时明时灭的，
那是何处的灯台？
陆地已近在眼前了吗？
转令我中心不快。

啊，我怕见那黑沉沉的山影，
那好像童话中的巨人！
那是不可抵抗的，
陆地已近在眼前了！

拘留在检疫所中

隔海的廛肆那样辉煌！
夜中的海色那样迷茫！
St. Helena[①] 上的拿翁[②] 哟，
高加索斯山下的 Prometheus[③] 哟，
你们的悲哀我知道了！

① St. Helena：圣·赫勒拿岛。

② 拿翁：法兰西皇帝拿破仑一世（1769—1827）。他兵败后被囚在大西洋的圣·赫勒拿，最终死于该岛。

③ Prometheus：普罗米修斯。

归　来

游子归来了，
在这风雨如晦之晨，
游子归来了。
虽说不是，不是故乡，
也和我，和我的故乡一样。
我的爱人无恙，
爱子无恙，
一切的风光无恙；
只有儿们大了！
他们畏畏缩缩地，
怕是我也老了！
可喜的成长哟，
可惧的成长哟，
大海开张在我前面！
拥抱，拥抱，拥抱，
胸儿压着胸，
脸儿亲着脸……

9月20日清晨

赠陈毅同志[①]

一柱天南百战身，
将军本色是诗人。
凯歌淮海中原定，
团结亚非正义伸。
赢得光荣归祖国，
敷扬文教为人民。
修篁最爱莫干好，[②]
数曲新词猿鸟亲。

1955年5月

① 本篇最初发表于1957年《诗刊》第九期。发表时题为《一九五五年五月赠陈毅同志》。

② 作者原注：陈毅同志有《莫干山纪游词》（1952年作），首句为“莫干好，遍地是修篁”。（修篁，高大的竹林。莫干，指莫干山，在浙江省北部，天目山的分支，是避暑和疗养胜地。——注释者）

赠钱学森[①]

大火无心云外流，
登楼几见月当头。[②]
太平洋上风涛险，
西子湖中景色幽。
突破藩篱归故国，
参加规划献宏猷。[③]
从兹十二年间事，
跨箭相期星际游。

---

① 本篇最初发表于1957年1月3日《文汇报》。钱学森（1911年生），浙江杭州人，著名科学家。

② 登楼句：用东汉末年王粲避乱荆州，尝登当阳城楼作《登楼赋》抒怀的故事。这两句意指钱学森身在海外，怀念祖国。

③ 作者原注："发展科学技术十二年远景规划"的制订在一九五六年上半年，钱学森同志曾参预其事。

赠北京中国画院[1]

十日一山五日水，[2]
由来画道不寻常。
胸藏万汇凭吞吐，
笔有千钧任歙张。
漫诩百花齐放蕊，
精研六法[3]斥雕墙。
出新须待推陈后，
民主发扬要共当。

① 本篇最初发表于 1957 年 5 月 15 日《人民日报》。

② 十日句：化用杜甫《戏题王宰画山水图歌》诗首联“十日画一水，五日画一石”诗句。

③ 六法：指南朝齐谢赫《古画品录》所列绘画六法，即气韵生动、骨法用笔、应物象形、随类赋彩、经营位置、传移模写。

和老舍原韵并赠三首①

一

江边微石剧堪怜，
受尽磋磨不计年。
凝静无心随浊浪，
飘浮底事问行船。
内充真体园融甚，
外发英华色泽鲜。
出水便嫌遗润朗，
方知笼竹实宜烟。

二

蜀道诗人多自东，
君今随国入渝中。
草堂不独传臣甫②，
玄阁徒危憾尔雄③。

---

① 老舍：即舒庆春（1899—1966），满族，北京市人，作家。中华人民共和国成立后任中国文联和中国作协副主席、北京市文联主席。

② 臣甫：指杜甫，在成都筑有草堂。

③ 雄：指扬雄。著有《太玄》。

奇语惊人拼万死，
高歌吐气作长虹。
文章自有千秋在，
明月山间江上风。

三

未有诗人不太痴，
不痴何独苦为诗？
千行难换粮千粒，
一世终无宿一枝。
意入天边云树远，
名书水上月华迟。[①]
醍醐[②]妙味谁能识？
端在吟成放笔时。

1941 年 7 月 16 日

① 英国诗人济慈（J. keats，1975—1821）的墓碑上，按其遗言铭刻了一句话：“这里安息着一个把名字写在水上的人。”

② 醍醐：乳酪上的酥油。醍醐灌顶，佛家语，本义是输入智慧，后用为痛快淋漓的意思。

双十一①

柳亚子②先生从桂林来渝，一九四四年十一月十一日在我寓天官府四号，设席洗尘。席中周恩来同志由延安飞至，赶来参加。衡老③作诗以纪其事，因而和之。

顿觉蜗庐海样宽，
松苍柏翠傲冬寒。
诗盟南社珠盘④在，
澜挽横流砥柱⑤看。

---

①本篇最初发表于1945年1月7日重庆《新华日报》。原题《衡老以双十一追忆诗见示。步韵却酬。兼呈亚子先生》。

②柳亚子（1887—1958）：原名弃疾，别号亚子，江苏吴江人。同盟会会员，国民党左派，诗人，南社创始人之一。抗日战争时期，积极从事抗日民主活动。中华人民共和国成立后，当选为全国人民代表大会常务委员会委员。著有《磨剑室诗集·词集·文集》，有《柳亚子诗词选》行世。

③衡老：指沈钧儒（1875—1963），字衡山，浙江嘉兴人。中国民主同盟中央负责人。中华人民共和国成立后历任中央人民政府委员、最高人民法院院长、全国人民代表大会常务委员会副委员长、政协全国委员会副主席等职。1956年当选为民盟主席。

④南社：由柳亚子与陈去病、高旭等发起，1909年成立于苏州的文学团体。旨在鼓吹民主革命，反对清王朝专制统治。1923年后停止活动。社员所作诗文，辑为《南社丛刻》共出二十二集。珠盘，古代礼器。《周礼·天官·玉府》："若合诸侯，则共（供）珠槃、玉敦。"郑玄注："合诸侯者，必割牛耳，取其血，歃之以盟。珠槃，以盛牛耳，尸盟者执之。"槃，同盘。这句是说柳亚子为南社主盟者。

⑤砥柱：本山名，在今河南三门峡市黄河急流中，现已炸毁。这里用作"中流砥柱"之意。

秉炬人[①]归从北地，
投簪我欲溺儒冠[②]。
光明今夕天官府，
舞罢秧歌醉拍栏。

1944年12月25日

① 秉炬人：指周恩来。

② 簪：固定帽子于头发的用具。投簪，即投冠，亦即弃官。溺儒冠，用刘邦对待郦食其事。《汉书·郦食其传》："沛公不喜儒，诸客冠儒冠来者，沛公辄解其冠，溺其中。"

雪 朝[①]

——读 Carlyle：《The Hero as Poet》的时候[②]

雪的波涛！
一个银白的宇宙！
我全身心好象要化为了光明流去，
Open-secret[③] 哟！

楼头的檐霤……
那可不是我全身的血液？
我全身的血液点滴出律吕的幽音，
同那海涛相和，松涛相和，雪涛相和。

哦哦！大自然的雄浑哟！
大自然的 Symphony 哟！

---

① 本篇最初发表于 1920 年 1 月 10 日上海《时事新报·学灯》。发表时原题即今副题。1921 年收入《女神》时另标今题。

② 卡莱尔（Thomas Carlyle，1795—1881）：英国十九世纪的散文家和历史学家。“The Hero as Poet”《作为诗人的英雄》是他的一篇论文。

③ Open-secret：公开的秘密。

Hero-poet[①] 哟！

Proletarian poet[②] 哟！

1919年12月作

① Hero-poet：英雄诗人。

② Proletarian poet：无产阶级诗人。

路畔的蔷薇

清晨往松林里去散步，我在林荫路畔发现了一束被人遗弃了的蔷薇。蔷薇的花色还是鲜艳的，一朵紫红，一朵嫩红，一朵是病黄的象牙色中带着几分血晕。

我把蔷薇拾在手里了。

青翠的叶上已经凝集着细密的露珠，这显然是昨夜被人遗弃了的。

这是可怜的少女受了薄幸的男子的欺绐？还是不幸的青年受了轻狂的妇人的玩弄呢？

昨晚上甜蜜的私语，今朝的冷清的露珠……

我把蔷薇拿到家里来了，我想找个花瓶来供养它。

花瓶我没有，我在一只墙角上寻着了一个断了颈子的盛酒的土瓶。

——蔷薇哟，我虽然不能供养你以春酒，但我要供养你以清洁的流泉，清洁的素心。你在这破土瓶中虽然不免要凄凄寂寂地飘零，但比遗弃在路旁被人践踏了的好吧？

夕　暮

我携着三个孩子在屋后草场中嬉戏着的时候，夕阳正烧着海上的天壁，眉痕的新月已经出现在鲜红的云缝里了。

草场中牧放着的几条黄牛，不时曳着悠长的鸣声，好像在叫它们的主人快来牵它们回去。

我们的两匹母鸡和几只鸡雏，先先后后地从邻寺的墓地里跑回来了。

立在厨房门内的孩子们的母亲向门外的沙地上撒了一握米粒出来。

母鸡们咯咯咯地叫起来了，鸡雏们也啁啁地争食起来了。

——“今年的成绩真好呢，竟养大了十只。”

欢愉的音波，在金色的暮霭中游泳。

墓

昨朝我一人在松林里徘徊，在一株老松树下戏筑了一座沙丘。

我说，这便是我自己的坟墓了。

我便拣了一块白石来写上了我自己的名字，把来做了墓碑。

我在墓的两旁还移种了两株稚松把它伴守。

我今朝回想起来，又一人走来凭吊。

但我已经走遍了这莽莽的松原，我的坟墓究竟往那儿去了呢？

啊，死了的我昨日的尸骸哟，哭墓的是你自己的灵魂，我的坟墓究竟往那儿去了呢？

白　发

许久储蓄在心里的诗料，今晨在理发店里又浮上了心来了。——

你年青的，年青的，远隔河山的姑娘哟，你的名姓我不曾知道，你恕我只能这样叫你了。

那回是春天的晚上罢？你替我剪了发，替我刮了面，替我盥洗了，又替我涂了香膏。

你最后替我分头的时候，我在镜中看见你替我拔去了一根白发。

啊，你年青的，年青的，远隔河山的姑娘哟，漂泊者自从那回离开你后又漂泊了三年，但是你的慧心替我把青春留住了。

1925 年 10 月 20 日

梦与现实

上

昨晚月光一样的太阳照在兆丰公园的园地上。一切的树木都在赞美自己的幽娴。白的蝴蝶、黄的蝴蝶，在麝香豌豆的花丛中翻飞，把麝香豌豆的蝶形花当作了自己的姊妹。你看它们飞去和花唇亲吻，好像在催促着说：

“姐姐妹妹们，飞罢，飞罢，莫尽站在枝头，我们一同飞罢。阳光是这么和暖的，空气是这么芬芳的。”

但是花们只是在枝上摇头。

在这个背景之中，我坐在一株桑树脚下读泰戈尔的英文诗。

读到了他一首诗，说他清晨走入花园，一位盲目的女郎赠了他一只花圈。

我觉悟到他这是一个象征，这盲目的女郎便是自然的美。

我一悟到了这样的时候，我眼前的蝴蝶都变成了翩翩的女郎，争把麝香豌豆的花茎作成花圈，向我身上投掷。

我埋没在花园的坟垒里了。——

我这只是一场残缺不全的梦境，但是，是多么适意的梦境呢！

丐

今晨一早起来，我打算到静安寺前的广场去散步。

我在民厚南里的东总弄，面着福煦路的门口，却看见了一位女丐。她身上只穿着一件破烂的单衣，衣背上几个破孔露出一团团带紫色的肉体。她低着头踞在墙下把一件小儿的棉衣和一件大人的单衣，卷成一条长带。

一个四岁光景的女儿踞在她的旁边，戏弄着乌黑的帆布背囊。女丐把衣裳卷好了一次，好像不如意的光景，打开来重新再卷。

衣裳卷好了，她把来围在腰间了。她伸手去摸布囊的时候，小女儿从囊巾取出一条布带来，如像漆黑了的一条革带。

她把布囊套在颈上的时候，小女儿把布带投在路心去了。

她叫她把布带给她，小女儿总不肯，故意跑到一边去向她憨笑。

她到这时候才抬起头来，啊，她才是一位——盲人。

她空望着她女儿笑处，黄肿的脸上也隐隐露出了一脉的笑痕。

有两三个孩子也走来站在我的旁边，小女儿却拿她的竹竿来驱逐。

四岁的小女儿，是她盲人妈妈的唯一的保护者了。

她嬉玩了一会，把布带给了她的盲人妈妈，她妈妈用来把她背在背上。瞎跟女丐手扶着墙起来，一手拿着竹竿，得得得地点着，向福煦路上走去了。

我一面跟随着她们，一面想：

唉！人到了这步田地也还是要生活下去！那围在腰间的两件破衣，不是她们母女两人留在晚间用来御寒的棉被吗？

人到了这步田地也还是要生活下去！人生的悲剧何必向莎士比

亚的杰作里去寻找，何必向川湘等处的战地去寻找，何必向大震后的日本东京去寻找呢?

得得得的竹竿点路声……是走向墓地去的进行曲吗?

马道旁的树木，时已脱完，落叶在朔风中飘散。

啊啊，人到了这步田地也还是要生活下去!

我跟随她们走到了静安寺前面，我不忍再跟随她们了。在我身上只寻出了两个铜圆，这便成了我献给她们的最菲薄的敬礼。

1923年冬，在上海

人作诗与诗作人

前几天于伶兄三十七步的诞辰，有好几位朋友为他祝寿，即席联句，成了一首七绝：

长夜行人三十七，如花溅泪几吞声。
至今春雨江南日，英烈传奇说大明。

这是一首很巧妙的集体创作。妙处是在每一句里面都嵌合有一个于伶所著的剧本名，即是《长夜行》《花溅泪》《杏花春雨江南》《大明英烈传》，嵌合得很自然，情调既和谐，意趣也非常连贯。而且联句的诸兄平时并不以旧诗鸣，突然得此，也是值得惊异的事。

不过有一个唯一的缺点，便是诗的情趣太消极，差不多就像是“亡国之音”了。这不仅和于伶兄的精神不称，就和写诗诸兄的精神也完全不相称。诸位都是积极进取的朋友，都有一个共同的信念，便是“中国不会亡”。怎么联起句来，就好像“白头宫女”一样，突然现出了这样的情调呢?

或许是题材限制了吧？例如《长夜行》与《花溅泪》都不免是消极的字面，《大明英烈传》虽然写的是刘伯温，但因为是历史题材，而且单从字面上看不免总要联想到明末遗事。有了这些限制，也就如用菜花、豆苗、蘑菇之类的东西便只能做出一盘素菜的一样，因而便不免消极了。这是可能的一种想法。

或许也怕是形式限制了吧？因为是七绝这种旧形式，运用起来总不能让作者有充分的自由，故尔不由自主地竟至表现出了和自己的意识相反的东西。所谓“形式决定内容”，这也是可能的一种想法。

但我尝试了一下，我把同样的题材，同样的形式，另外来写成了一首：

大明英烈见传奇，长夜行人路不迷。
春雨江南三七度，杏花溅泪发新枝。

这样写来似乎便把消桩的情趣削弱了，而含孕有一片新春发岁、希望葱茏之意。选在贺寿上似乎更要切合一些，就对于我们所共同怀抱的信念也表现得更熨帖一些。

这本是一个小小的问题，但我觉得很有趣。我在这儿发现着：文字本身有一种自律性，就好像一泓止水，要看你开闸的人是怎样开法，所谓“决诸东方则东流，决诸西方则西流”。只要你把闸门一开了，之后，差不多就不由你自主了。

人的一生，特别是感情生活，约略也是这样。一个人可以成为感情的主人，也可以成为感情的奴隶。你是开向生路便是生，开向死路便是死。主要的是要掌握着正确的主动权以善导对象的自律性，对于青年有领导或训育任务的人，我感觉着这责任特别重大。

1943 年 2 月 24 日

谒 陵

中山门外通向紫金山下的中山陵的路，怕是南京所有的最好的一段公路吧。水门汀面得很平坦，打扫得也很干净。两旁的路树，树皮青色而有些白晕，不知道是阿嘉榎还是白桦。剪齐了的头迸发着青葱的枝叶，差不多一样高，一样大，正是恰到好处。

在我是九年不见了，一望的松木已经快要成为蓊郁的林子了。空气新鲜，含孕有相当浓烈的臭氧的香味。

九年前，正当淞沪战事很紧张的时候，我曾经来过陵园两次。但两次都失掉了谒陵的机会。一次是在雨中，一次却遇到空袭。今天多谢八天的休战延期，更多谢费德林博士开了汽车来做伴，我们一道来谒陵。

中山陵的样式，听说是取象于自由钟。从地图上看来确实有那样的味道。陵场的规模宏大，假使在飞机上鸟瞰，钟形一定了如指掌，但从平地望上去却是很容易忽略的。钟口是向着上面的，我不知道，设计的当时设计者究竟是怎样的用意。这样岂不是倒置了吗？自由钟应该向着人间，为什么向着天上？中山先生是执掌自由钟的人，陵墓应该安置在钟柄上，为什么反而安置在钟口上去了？这用意我实在不明白。

陵场基地是用水门汀面就的，呈出白色。碑亭陵寝等一切的建筑都是白壁青瓦。毫无疑问是象征着“青天白日”。宏大的碑亭里面的一通宏大的石碑刻着："中国国民党葬总理孙中山先生于此"。文字很简单而有力。这可表明中山先生所受的是党葬了。从"党权高于一切"的观念来着想的话，或许正是应该。但作为一个中国的公民的我，我感觉着中山先生是应该膺受国葬或人民葬才合适。假使碑文能改为"国父孙中山先生之墓"，那不会更简单而有力吗？我在脑子里画了一个图案，想把那倒置的自由钟再倒过去。基地不用白色的水门汀，而改为红色的大理石，象征着"青天白日满地红"。那样或许和中山先生的博大的精神，崇高的功业，更相配称吧？

虔诚地在陵墓的坡道上走着，一面走，一面浮泛着一些印象式的，或许是不应该有的思索。

阳光相当强烈。到了郊外来，紫外线更加丰富，又是走的上坡路，虽然有不断的清风涤荡，总感受着热意的侵袭。谒陵的人差不多都把外衣脱下了，但我为保持我的虔敬，我连我中山装的领扣都没有解开。

日本鬼还算客气，对于陵庙还没有过分的摧残，听说仅在西北角上有了一些破坏，都已经修补好了。在陵庙下的一段平台上安置着一对大铜鼎，左右各一，显然是被日本人移动过的。左手的一只在腹部有一个炮弹的窟窿，这更表明日本人曾经移到什么地方去作过试炮弹的靶子的。

陵堂有兵守卫。右侧进门处有题名簿，让谒陵者题上自己的名字。中山先生穿着国服的大理石像正坐在中央，我们走到像前去行了最敬礼，并默念了三分钟。我感觉中山先生的周围孤单了一点，假使每天有不断的鲜花或禾穗奉献，列陈在四周，或许会更有生意的吧？守卫如能换成便服，或许也会更适当一些的吧？

灵堂的内部非常朴素，两侧和后壁的腰部嵌着黑色大理石，刻着国父手书的《建国大纲》和其他文字，都是填了金的。这些便是唯一的装饰了。可惜中国的雕刻界还不甚发达，在我想来，四壁如有浮雕，刻上中山先生的生平，主要的革命战役，应该是题内所应有的文章吧。这些是容易做到的事，在将来或许也会逐渐实现的。

步出陵堂，居高临下，眼前一望的晴明，大自然正在浓绿季中。但一接触到袒呈在右手前面的南京城市，却不免在自己的眼前罩上了一层无形的薄雾。由高处看都市，本来是最不美观的，没有十分建设就绪的南京市，愈加显见得是疮痍满目。但我又一回想，制止了我的感伤。中山先生无疑是更喜欢那亟待拯救的人间的，他是人民革命家，他不会长久陶醉于自然风物里面，而忘记了人民。自然地又联想到了列宁墓所在地的莫斯科红场。墓是红色大理石砌成的，与人民生活打成了一片。或许中山先生是更喜欢那种作风的吧？……

衬衫已经湿透了，谒陵既毕，我想是可以解衣的时候了。在步下陵道的时候，我便脱下了我的中山装。费博士却忠告我：那样是会着凉的。我又只好穿上了。

顺便又参观了明陵。那些石人、石兽的行列很有古味。石兽中的一个被人打碎了。费博士说：他前次来时都还是完整的。这不知道又是什么人的恶作剧了。石兽中有麒麟、马、骆驼、象等，两两相对，或跪，或立，体态凝重，气韵浑厚，实在是值得加意保护的东西。所有的石象，身上都涂过青绿，已经斑驳了。象与象之间有嫩松栽植成行。这些大约是为避免成为轰炸的目标，在敌伪时代所造下的伪装吧？

廖仲恺先生的墓就在明陵的西边，我们也去参拜了。墓场的结构朴素而庄重，建筑时一定是费了苦心的。可惜保卫得不周密，颇呈荒芜的景象。有些地方颓败了，并未加以修理。墓场全体，在一切的石质和水门汀上也都是涂过青绿的。不知是谁呈献在墓前的花环，已经老早枯槁了。

——仲恺先生假如不遭暗杀，中国的情形或许又会两样吧？这样的感想不期然地又浮漾了起来。

可诅咒的卑劣万分的政治暗杀！

可悲痛的多灾多难的中国人民！

铁　盔

——“曾先生是F家里的良师。”

F家里人是这样说，F村上的人也是这样说。

曾先生在F未出世以前十一年便到了他的家里，在F五岁发蒙的时候，在他家里已经教出了不少的“顶子”了。

F有次对我说过一段逸事，是他才发蒙时候的事情。

——“曾先生爱打人，尤爱打我们的脑袋。他的刑具是从篱栅上抽下来的斑竹。他一发作起来，便把那斑竹打在我们的头上，打一下，断一节，我们又不敢大声哭，哭大声了，他愈打得厉害。

“小小的脑袋打出一头的疱块。晚上回家痛得不能着枕，只是嘤嘤啜泣。

“我们的母亲知道了，母亲最可怜我，大约因为我年纪还小的缘故，母亲便替我寻出了一顶硬壳帽子来。那帽子怕是我们的父亲或者祖父的年青时候戴旧了的。帽子既是硬壳做成，里面还有四个毡耳。

“这顶硬壳帽子便成了我的‘铁盔’了。先生打起人来只是打得空响，脑袋一点也不痛。

“这个秘密在第三天上被我二哥知道了。他当时也不过才八九岁光景，他和我便要争戴这顶‘铁盔’。在家里时母亲不许他，进家塾时他在路上便替我夺去了，我竟伤心地哭了起来。弄到后来这个秘密连先生也知道了。

“我们的曾先生终不愧是贤明的人，他以后打我们的头脑不再隔着帽子打了。他要先把我们的帽子揭下，然后再打。

“小小的脑袋又被先生打出一头的疱块，晚上睡觉，痛得不能着床，又只是嘤嘤啜泣。

“母亲也无法可想了，只是安慰我们说：‘乖儿，乖儿，以后好生听先生的话，不再挨打便好了。……

“我们的头脑便是这样打出来了的。在我们几位哥哥的头上，疱块虽然变成了‘顶子’，而在我自己不幸的是在十二岁的时候便开办了中学，我便和‘顶子’永远绝缘了。”

F的话便是这样。

但是F家里的人到现在也还在这样说，F村上的人到现在也还在这样说：

——“曾先生是F家里的良师！”

青年哟，人类的春天！

五四运动的历史到现在竟有了二十二周年了。这个有光辉的纪念日——五月四号，被定为了“青年节”，这意义是很值得阐发的。青年是发展的动力，同时也就是进步的象征。人类社会乃至一切自然界的进化关键，可以说就操持在青年的手里。宇宙中举凡运行的轨迹都呈抛物线形，近来已由物理学家证明，连太阳光线从前以为是直线进行的，其实也是采取曲线的行径。年有春夏秋冬，人有幼少壮老，都同样是抛物线形的轨迹。假使没有明年的春夏，万类便只好永远的死亡，假使没有第二代的青年，人类的一切便只好永远的衰歇。青年哟，人类的春天！就靠着有这青春的一季，使我们每一个人的精神发展，进行到抛物线的顶端；也就靠着有这不断的青春的来复，使我们整个民族或整个人类的精神发展，永远保持着上行的阶段。前一代的抛物线的顶端成为后一代抛物线的起点。向上的波澜，一波未平，一波继起，就这样使必趋没落的抛物线变为永远进展的无穷曲线。自然及人类是这样进化了来，也将这样进化起去。所争者只是在：无意义的运行或有意识的策动。人类也经过了很长远的无意识时代，这时代快要成为过去了。对于运行轨迹的研究愈透辟，策动运行的意识便愈清醒。我们把“五四”定为青年节的意义，也就是这种意识觉醒的明白表示了。我们希望：“五四”运动时所表现的那种磅礴的青年精神要永远保持下去，而今后无数代的青年都要保持着五四运动的朝气向前跃进。继承“五四”，推进“五四”，超过“五四”。使青年永远文化化，使文化永远青年化。

文化的本质其实即可以定义为“人为的进化”。它是对于自然界的一种斗争，对于凡是不利于进化的自然界的暴力及其惰力。人类也是自然界的一分子，在它本身也具有自然的暴力和惰力，当它能征服暴力和惰力（连它自己本身在内）的时候，它是自然界的主人，文化的创造者。当它驯服于暴力与惰力之下而听其支配的时候，它是自然界的奴隶，文化的阉割者或破坏者。暴力的行使者和身受者，虽然有主动与被动之分，同样是为暴力所支配的奴隶。不能克服他人的暴力而俯首帖耳，固然没有担当创造文化的资格，不能克服本身的暴力而趾高气扬，结果也只是破坏既成文化而堕入兽域。“五四”运动一方面反对帝国主义，这是反对人类社会的最大暴力，另一方面反对封建制度，这是反对中国本身的最大惰力。运动的精神和文化的本质合拍，故而“五四”运动成为文化运动的纪念碑，中国文化乃至中国民族经这一运动而青年化了。“五四”以来的二十二年间的进展，毫不夸张地，可以说抵得上“五四”以前的二千二百年间的进展。我们不要为泥古的习惯所囿，应该把眼光看着前头。二千二百年来的文化积蓄，固然有它精粹的成分存在，值得我们研究、阐发、保存、光大，但从那年代的久远和适用价值的有限上来看，我们的进步实在是十分迂缓，这不仅中国是这样，凡是文化意识觉醒以前的近代各民族，毫无例外地，都是这样。到了现代，空前的距离有了无限的缩短，时间的范畴得到无限的扩充，人力的效率增大到了无穷倍。这是事实，也可以说是人力造成的奇迹。我们虽然还未走到近代文化的最高峰，但自“五四”以来，我们是不息地在向上走着。这路是荆棘的路，但同时也是争取荣冠的路。我们要发挥我们文化民族的使命，便不得不斗争。没有斗争便没有文化。目前的世界有极端疯狂的暴力正在向着文化摧残，向着创造文化的精神摧残，把人类拖到黑暗的悲惨的死灭地狱。我们要从这世界末日中把文化救起，把创造文化的精神救起，救起自己本身，救起全民族，救起全人类。

救民族，救人类，并不是空洞的夸言壮语，也希望不只是空洞的夸言壮语。要做，也是容易的事体，在每个人的分内，就请从自己做起吧。在目前大动荡的时代，每一个人都应该是不愿意堕入那死灭地狱的。但要从那种结局中把自己救起来，须得彻底反抗那种摧残文化的暴力，同时并须克服自己内心的苟且偷安、甘为顺奴的那种惰性。所以目前要救自己，便须得人人成为反帝、反封建的战士。目前的时代，或许会被人认为变例，其实无论处在任何时代，人人都须得自救。克服自己的暴力不以妄施于人，克服自己的惰力不甘受别人的横暴，这是每一个人对于自己的义务，同时也是对于社会的义务。所谓“自反而不缩，虽褐宽博吾不惴焉；自反而缩，虽千万人吾往矣”，正是这种精神。有这种精神，才可以救济自己，更进而救济民族，救济人类。无论平时和乱时，每一个人对于自己所最难克服而且也最当克服的便是驯服于老衰现象的惰力吧。每一个人把青壮年时期一过，肉体的大部分官能便翻过抛物线的顶点而走向老衰的下坡路。这是每一个人所难免的自然惰力，几乎是绝对地不能克服的。但也非真正绝对地不能克服。在这儿精神的力量的确是可以克服肉体的衰残。这并不是神秘的唯心论，而是可以找出科学的根据的。便是人体的各种细胞组织中，发展的历程并不一致，凡是官能低级的组织，如筋肉系统，便发展快而早衰，官能高级的组织，如神经系统，却发展徐而后谢。伟大的人便能以后谢的精神力量统御早衰的肉体官能，决不向老衰屈服。古今中外有不少的伟大人物，他们直到老年都还能保存着他们的活动能力，那秘密就在这儿。一句话揭穿，便是古人所说的“老当益壮”。孟子有句话说得好，“大人者不失其赤子之心者也”。这句话如要免得被人专向消极方面去解释，似乎竟可以改说为“大人者不失其青年精神者也”。伟大人物便是永远的青年，他们不仅把老衰现象克服了，甚至连死亡现象都可以克服。他们的著书、传记、坟墓，都在发生着作用，真真是所谓“精神不死”。

老年人都须得青年化，青年人应该是没有问题的。然而世间上青年化的老人很少，而老人化的青年却偏偏多。就在我们自己的眼前，就已经有不少的青年是未老先衰了。这原因，一部分固由于青年自己的不努力，不自爱，或自暴自弃，而一大部分是由于老年人的管教错误。文化意识未觉醒的老年人不仅自己不思振作，反而倚老卖老，以老人的气习、生活、思想、行动来绳范青年；青年人在这种管束之下，有的不自觉地便驯致颓唐，有的却反拨地趋于堕落，就这样便断送了无数的青年。一个人老当益壮的精神强，那人必然伟大；一个人未老先衰的气象十足，那人必然腐败。一个民族，老当益壮的人多，那个民族也一定强；一个民族，未老先衰的人多，那个民族也一定弱。我们中国在前是大可以称为老人国的，积弱的原因一部分也就存在这儿。古时候我们中国的教育，差不多是把青年当成罪人在看待的。所谓“扑作教刑”，把这个观念表示得非常明白。“不打不成人，打到做官人”，死的打活的，老的打小的，打出了做老爷的来呢，做老爷的又打做老百姓的，做老百姓的又打做老大老二的。万般皆是打，老气满中华。好多年辰以来，中国人实在老衰得不堪了。你叫中国民族怎么能够强，中国文化怎么能够有进步呢？五四运动之所以成为新文化运动的分水岭，便是把老气的支配推翻了一大部分。五四运动以来，中国不是逐渐振作起来了吗？

我们且看那可以成为建筑材料的树木，只要那树木的种子是落在土壤肥沃的原野里，它能得到充分的阳光、空气、水分、养料，它在自然发育的状态中，必然成为参天的大木，极有用的建筑器材。人要加以管理，只要注意到阳光、空气、水分、养料的供给，或者为它排除昆虫或其他外来灾害，那树木的发育自然可以得到帮助而被促进。管理，只是助成，并不是拘束。假如把那同样的树苗，拿来种在庭园或花盆里，自幼加以无理的剪削、拳屈、束缚，使它成为一定的型，那树木便不能遂其自然的成长而成为畸形的物什。这些畸形的物什在某种意义上或者可以中观瞻，但不中实用。一旦畸形一被形成，即使加以解放，放还自然，也不能恢复它原有的树性。它是在无理的管束之下已经僵老了。教育的意义和这林木的培植，应该没有两样。我们对于青年应该充分地给以营养资料，不时地对于外来灾害加以防护，让其自然发展，那他一定是可以成为大器的。青年的精神便是向上的精神，没有本来就不自爱而自甘堕落的青年，除非是精神病患者。真正可以作为青年导师的，认真说只有那永远不老的伟大的人。古人也有“人师”和“经师”的区别，所谓“经师易遇，人师难逢”。经师是供给材料的技术家，人师是指导精神的领港者。职司教育的人，连易遇的技术家的责任都未能尽职，却往往爱以难逢的精神领港者自居，一般的青年能够被培植为盆栽小景，都要算是侥幸的了。孔夫子在中国的历史上终不失为一位伟大的教育家，他是“学而不厌，诲人不倦”“不知老之将至”的人。他是负责的教育技术家，而同时又能“有教无类”“因材施教”，是称职的精神领港者。他诚然有一个人格的规矩尺度，但他不必一定要把这种规矩尺度来绳范人，他说道：“不得中行而与之，必也狂狷乎，狂者进取，狷者有所不为也。”孔子能取狂狷，正是深切地了解青年气质的人。记得罗素也曾经有过类似的主张，是说青年的性质就骄傲一点也无妨事。青年的性质偏于进取，在老成者视之，自不免近于狂。青年的心地洁白无染，有好些俗套的行为在所不屑，在世故者视之，自不免近于狷。狂与狷能够见容于孔子，这大约是现代的教育家所应该取法的吧。视青年为罪人的时代，在中国应该是老早过去了，青年自己也应该以民族的主人、文化的创造者，自尊自重。

1941 年 5 月 3 日

《女神》序诗

我是个无产阶级者：
因为我除个赤条条的我外，
什么私有财产也没有。
《女神》是我自己产生出来的，
或许可以说是我的私有，
但是，我愿意成个共产主义者，
所以我把她公开了。

《女神》哟！
你去，去寻那与我的振动数相同的人；
你去，去寻那与我的燃烧点相等的人。
你去，去在我可爱的青年的兄弟姊妹胸中，
把他们的心弦拨动，
把他们的智光点燃吧！

1921年5月26日

女神之再生①

Alles Vergaengliche	一切无常者
ist nur ein Gleichnis;	只是一虚影；
das Unzulaengliche,	不可企及者
hier wird's Ereignis;	在此事已成；
das Unbeschreibliche,	不可名状者
hier ist's getan;	在此已实有；
das Ewigweibliche	永恒之女性
zieht uns hinan.	领导我们走。
——Goethe	—— 歌德

序幕：

不周山②中断处。巉岩壁立，左右两相对峙，俨如巫峡两岸，形成天然门阙。阙后现出一片海水，浩渺无际，与天相接。阙前为平地，其上碧草芊绵，上多坠果。阙之两旁石壁上有无数龛穴。龛中各有裸体女像一尊，手中各持种种乐器作吹奏式。

---

①《女神之再生》这首诗中的诗句，为德国诗人歌德（1749—1832）所作长篇诗剧《浮士德》结尾的诗句。

② 不周山：古代神话传说中的山名。出自《山海经·大荒西经》。原书记载："西北海之外，大荒之隅，有山而不合，名曰不周负子。"

山上奇木葱茏，叶如枣，花色金黄，萼如玛瑙，花大如木莲，有硕果形如桃而大。山顶白云叆叇，与天色相含混。

上古时代。共工[①]与颛顼[②]争帝之一日，晦暝。

开幕后沉默数分钟，远远有喧嚷之声起。

女神各置乐器，徐徐自壁龛走下，徐徐向四方瞻望。

女神之一

自从炼就五色彩石
曾把天孔补全，
把黑暗驱逐了一半
向那天球外边；
在这优美的世界当中，
吹奏起无声的音乐雍融。
不知道月儿圆了多少回，
照着这生命底音波吹送。

女神之二

可是，我们今天的音调，
为什么总是不能和谐？
怕在这宇宙之中，
有什么浩劫要再！——
听呀！那喧嚷着的声音，
愈见高，愈见逼近！
那是海中的涛声？空中的风声？

① 共工：古代神话传说中的人物。

② 颛顼：传说中“五帝”之一，为黄帝之孙，号高阳氏。

可还是——罪恶底交鸣?

女神之三

刚才不是有武夫蛮伯之群
打从这不周山下经过?
说是要去争做什么元首……
哦,闹得真是过火!
姊妹们呀,我们该做什么?
我们这五色天球看看要被震破!
倦了的太阳只在空中睡眠,
全也不吐放些儿炽烈的光波。

女神之一

我要去创造些新的光明,
不能再在这壁龛之中做神。

女神之二

我要去创造些新的温热,
好同你新造的光明相结。

女神之三

姊妹们,新造的葡萄酒浆
不能盛在那旧了的皮囊。
为容受你们的新热、新光,
我要去创造个新鲜的太阳!

其他全体

我们要去创造个新鲜的太阳，
不能再在这壁龛之中做甚神像！

全体向山阙后海中消逝。

山后争帝之声。

颛　顼

我本是奉天承命的人，
上天特命我来统治天下，
共工，别教死神来支配你们，
快让我做定元首了吧！

共　工

我不知道夸说什么上天下地，
我是随着我的本心想做皇帝。
若有死神时，我便是死神，
老颛，你是否还想保存你的老命？

颛　顼

古人说：天无二日，民无二王。
你为什么定要和我对抗？

共　工

古人说：民无二王，天无二日。
你为什么定要和我争执？

颛　顼

啊，你才是个呀——山中的返响！

共　工

总之我要满足我的冲动为帝为王！

颛　顼

你到底为什么定要为帝为王？

共　工

你去问那太阳：为什么要亮？

颛　顼

那么，你只好和我较个短长！

共　工

那么，你只好和我较个长短！

群众大呼声

战！战！战！

喧呼杀伐声，武器斫击声，血喷声，倒声，步武杂沓声起。

农叟一人

（荷耕具穿场而过）

我心血都已熬干，

麦田中又见有人宣战。

黄河之水几时清？

人的生命几时完？

牧童一人

（牵羊群穿场而过）
啊，我不该喂了两条斗狗，
时常只解争吃馒头；
馒头尽了吃羊头，
我只好牵着羊儿逃走。

野人之群

（执武器从反对方面穿场而过）
得寻欢时且寻欢，
我们要往山后去参战。
毛头随着风头倒，
两头利禄好均沾！

山后闻“颛顼万岁！皇帝万岁！”之声，步武杂沓声，追呼声：“叛逆徒！你们想往哪儿逃走？天诛便要到了！”

共　工

（率其党徒自山阙奔出，断发文身，以蕉叶蔽下体，体中随处受伤，所执铜刀石器亦各鲜血淋漓）
啊啊！可恨呀，可恨！
可恨我一败涂地！
恨不得把那老猃底头颅
切来做我饮器！

（舔吸武器上血液，作异常愤怒之态）
这儿是北方的天柱，不周之山，
我的命根已同此山一样中断。
党徒们呀！我虽做不成元首，
我不肯和那老猃甘休！
你们平常仗我为生，
我如今要用你们的生命！

党徒们拾山下坠果而啖食。

共　工

啊啊，饿痨之神在我的肚中饥叫！
这不周山上的奇果，听说是食之不劳。
待到宇宙全体破坏时还有须臾，
你们尽不妨把你们的皮囊装饱。

追呼之声愈迫。

共　工

敌人的呼声如像海里的怒涛，
只不过逼着这破了的难船早倒！
党徒们呀，快把你们的头颅借给我来！
快把这北方的天柱碰坏！碰坏！

群以头颅碰山麓岩壁，雷鸣电火四起。少时发一大雷电，山体破裂，天盖倾倒，黑烟一样的物质四处喷涌，共工之徒倒死于山麓。

颛　项

（裸身披发，状如猩猩，率其党徒执同样武器出场）

叛逆徒！你们想往那儿逃跑？

天诛快……喔呀！喔呀！怎么了？

天在飞沙走石，地在震摇，山在爆，

啊啊啊啊！混沌！混沌！怎么了？怎么了？……

雷电愈激愈烈，电火光中照见共工、颛顼及其党徒之尸骸狼藉地上。移时雷电渐渐弛缓，渐就止息。舞台全体尽为黑暗所支配。沉默五分钟。

水中游泳之声由远而近。

黑暗中女性之声

——雷霆住了声了！

——电火已经消灭了！

——光明同黑暗底战争已经罢了！

——倦了的太阳呢？

——被胁迫到天外去了！

——天体终竟破了吗？

——那被驱逐在天外的黑暗不是都已逃回了吗？

——破了的天体怎么处置呀？

——再去炼些五色彩石来补好他罢？

——那样五色的东西此后莫中用了！

我们尽他破坏不用再补他了！

待我们新造的太阳出来，

要照彻天内的世界，天外的世界！

天球底界限已是莫中用了！

——新造的太阳不怕又要疲倦了吗?
——我们要时常创造新的光明、新的温热去供给她呀!
——哦，我们脚下到处都是男性的残骸呀!
——这又怎么处置呢?
——把他们抬到壁龛之中做起神像来吧!
——不错呀，教他们也奏起无声的音乐来吧!
——新造的太阳，姐姐，怎么还不出来?
——她太热烈了，怕她自行爆裂;
还在海水之中沐浴着在!
——哦，我们感受着新鲜的暖意了!
——我们的心脏，好像些鲜红的金鱼，
在水晶瓶里跳跃!
——我们什么都想拥抱呀!
——我们唱起歌来欢迎新造的太阳吧!

合　唱

太阳虽还在远方，
太阳虽还在远方，
海水中早听着晨钟在响:
叮当，叮当，叮当。

万千金箭射天狼[①]，
天狼已在暗悲哀，
海水中早听着葬钟在响:

① 天狼：星名，是天空中除太阳外可见的最亮的恒星。《楚辞·九歌·东君》：“举长矢兮射天狼。”王逸注：“天狼，星名，以喻贪残。”

叮当，叮当，叮当。

我们欲饮葡萄觥，
愿祝新阳寿无疆，
海水中早听着酒盅在响：
叮当，叮当，叮当。

此时舞台突然光明，只现一张白幕。舞台监督登场。

舞台监督

（向听众一鞠躬）

诸君！你们在乌烟瘴气的黑暗世界当中怕已经坐倦了吧！怕在渴慕着光明了吧！作这幕诗剧的诗人做到这儿便停了笔，他真正逃往海外去造新的光明和新的热力去了。诸君，你们要望新生的太阳出现吗？还是请去自行创造来！我们待太阳出现时再会！

附　白

此剧取材于下引各文中：

天地亦物也，物有不足，故昔者女娲氏炼五色石以补其缺，断鳌之足以立四极。其后共工氏与颛顼争为帝，怒而触不周之山。折天柱，绝地维。故天倾西北，日月星辰就焉；地不满东南，故百川水潦归焉。（《列子·汤问篇》）

女娲氏古之神圣女，化万物者也。——始制笙簧。（《说文》）

不周之山北望诸毗之山，临彼岳崇之山，东望泑泽（别名蒲昌海），河水所潜也；其源浑浑泡泡。爰有嘉果，其实如桃，其叶如枣，黄华而赤柎，食之不劳。（《山海经·西次三经》）

课本里的作家

序号	作家	作品	年级
1	金　波	金波经典美文：第一辑 树与喜鹊	一年级
2	金　波	金波经典美文：第二辑 阳光	
3	金　波	金波经典美文：第三辑 雨点儿	
4	夏辇生	雷宝宝敲天鼓	
5	夏辇生	妈妈，我爱您	
6	叶圣陶	小小的船	
7	张秋生	来自大自然的歌	
8	薛卫民	有鸟窝的树	
9	樊发稼	说话	
10	圣　野	太阳公公，你早！	
11	程宏明	比尾巴	
12	柯　岩	春天的消息	
13	窦　植	香水姑娘	
14	胡木仁	会走的鸟窝	
15	胡木仁	小鸟的家	
16	胡木仁	绿色娃娃	
17	金　波	金波经典童话：沙滩上的童话	二年级
18	金　波	金波经典美文：一起长大的玩具	
19	高洪波	高洪波诗歌：彩色的梦	
20	冰　波	孤独的小螃蟹	
21	冰　波	企鹅寄冰·大象的耳朵	
22	张秋生	妈妈睡了·称赞	
23	孙幼军	小柳树和小枣树	
24	吴　然	吴然精选集：五彩路	三年级
25	叶圣陶	荷花·爬山虎的脚	
26	张秋生	铺满金色巴掌的水泥道	
27	王一梅	书本里的蚂蚁	
28	张继楼	童年七彩水墨画	

序 号	作 家	作 品	年 级
29	张之路	影子	三年级
30	曹文轩	曹文轩经典小说：芦花鞋	四年级
31	高洪波	高洪波精选集：陀螺	
32	吴 然	吴然精选集：珍珠雨	
33	叶君健	海的女儿	
34	茅 盾	天窗	
35	梁晓声	慈母情深	五年级
36	陈慧瑛	美丽的足迹	
37	丰子恺	沙坪小屋的鹅	
38	郭沫若	向着乐园前进	
39	叶文玲	我的“长生果”	
40	金 波	金波诗歌：我们去看海	六年级
41	肖复兴	肖复兴精选集：阳光的两种用法	
42	臧克家	有的人——臧克家诗歌精粹	
43	梁 衡	遥远的美丽	
44	臧克家	说和做——臧克家散文精粹	七年级
45	郭沫若	煤中炉·太阳礼赞	
46	贺敬之	回延安	八年级
47	刘成章	刘成章散文集：安塞腰鼓	
48	叶圣陶	苏州园林	
49	茅 盾	白杨礼赞	
50	严文井	永久的生命	
51	吴伯箫	吴伯箫散文选：记一辆纺车	
52	梁 衡	母亲石	
53	汪曾祺	昆明的雨	
54	曹文轩	曹文轩经典小说：孤独之旅	九年级
55	艾 青	我爱这土地	
56	卞之琳	断章	
57	梁实秋	记梁任公先生的一次演讲	高中
58	艾 青	大堰河——我的保姆	
59	郭沫若	立在地球边上放号	